BEYOND
OVERSEAS STUDYING

周成刚 孙涛 —— 主编

对话青年·
逆风中成长

30名留学青年
改变人生的故事

人民东方出版传媒
People's Oriental Publishing & Media

东方出版社
The Oriental Press

图书在版编目（CIP）数据

对话青年·逆风中成长：30名留学青年改变人生的故事／周成刚，孙涛主编．
—北京：东方出版社，2022.8
ISBN 978-7-5207-2855-3

Ⅰ.①对… Ⅱ.①周…②孙… Ⅲ.①留学生–访问记–中国–现代 Ⅳ.① K828.4

中国版本图书馆 CIP 数据核字（2022）第 116928 号

对话青年·逆风中成长：30名留学青年改变人生的故事
（ DUIHUA QINGNIAN NIFENG ZHONG CHENGZHANG SANSHI MING LIUXUE QINGNIAN
GAIBIAN RENSHENG DE GUSHI ）

主　　编：周成刚　孙　涛
策划编辑：鲁艳芳　刘晓丽
责任编辑：黄彩霞
出　　版：东方出版社
发　　行：人民东方出版传媒有限公司
地　　址：北京市西城区北三环中路6号
邮政编码：100120
印　　刷：天津图文方嘉印刷有限公司
版　　次：2022年8月第1版
印　　次：2022年8月北京第2次印刷
开　　本：710毫米×1000毫米　1/16
印　　张：16
字　　数：232千字
书　　号：ISBN 978-7-5207-2855-3
定　　价：59.80元
发行电话：（010）85924663　85924644　85924641

编委会

主　编：周成刚　孙　涛

策　划：（以姓氏笔画为序）

　　　　孙　涛　俞仲秋　江思远　李　浚

编　辑：李　飒　杨　萌　张荷丝　吕　方

我为什么坚持倡导国际教育

新东方教育科技集团 CEO　周成刚

　　每当有人问我，为什么总在说国际教育？我都会毫不犹豫地回答，世界在全球化，我们的孩子需要国际化。我们需要和世界交朋友，向世界学习，只有张开双臂，拥抱世界，我们才能融入世界，属于世界，改变世界。也正是基于这一朴素的信念，这几年我坚持探寻世界名校、采访写作、巡讲交流，尽个人之力，倡导国际教育。

　　国际教育离不开源远流长的中外交流。汉代张骞出使西域，打通"丝绸之路"；唐朝玄奘大师西行问道，寻求佛教真经；明代郑和率队七下西洋，开创"海上丝路"新时代。1847年，中国第一位留学生容闳，漂洋过海赴美留学，开启了中国近代史上一场浩浩荡荡的西学东渐运动。1978年，中华人民共和国向美国派出了新中国成立以来第一批52名留学生。从此，出国留学成为我们改革开放、奋发图强、走向世界的一个重要途径。

国际教育的本质，就是学习和借鉴其他国家优秀的教育实践。当前人们讨论最多的国际教育国家包括北美的美国和加拿大，欧洲的英国、法国、德国、意大利和芬兰，大洋洲的澳大利亚和新西兰，以及亚洲的日本、韩国和新加坡等教育强国。这些国家要么是因为教育事业发达，要么是因为学生出类拔萃，要么是因为教育的不断改革和创新而成为人们热议的对象。

这些国家的教育体制、教育实践不尽相同，各有千秋，既有相互之间的学习和借鉴，又有传承和创新。美国和加拿大的教育在新大陆摆脱了传统的束缚，活力四射，生机勃发；英国注重精英教育，依赖社会精英来治国理政；大洋洲的澳大利亚、新西兰主张因地制宜，充分整合资源，既有继承，又鼓励创新；欧洲的发达国家一贯坚持普惠民众和公平的教育理念；亚洲的一些教育强国注重东西结合，兼容并蓄，例如日本的"稳"、韩国的"潮"、新加坡的"新"。立足亚洲，放眼世界，到底什么样的教育才是最好的教育，我们一直在寻找答案。

通识教育和全球视野

大多数发达国家或者教育强国，特别提倡全球视野和通识教育。全球视野就是一定要把自己的孩子放在全世界的背景里，这样才能登高望远，胸怀世界；通识教育指的是自然科学、人文科学和社会科学的基本知识框架，这是我们成为优秀专业人才的必要前提。也就是说，无论你未来选择什么专业，要想真正有所发展，都应该首先拥有这些基本知识。

因此，欧美很多名校在中学和大学阶段强调通识教育，让学生有机会去充分了解自己、了解世界，清楚自己的喜好和追求，逐步形成自己的世界观，然后再进入专业学习。这样个人发展方向会更明确，也可以避免误入歧途。简而言之，通识教育的目的是育人，专业教育的目的是育才，最后两者结合，才会培养出真正的人才。

创新能力和批判性思维

所谓的创新，就是打破常规和思维定式，创造新的境界，而批判性思维就是在他人或自己的观点或做法上分析判断并找出最好的路径。两者相辅相成，缺一不可。创新能力和批判性思维的重要性再怎么强调也不过分，甚至可以说是一个民族或国家进步的希望，孩子们能否获得这些素养，和教育理念有重大关系。我在走访那些发达国家的时候发现，单向的、填鸭式的、划重点、死记硬背式的教育越来越少见，取而代之的往往是开放、讨论、互动和合作式的教育，教师会引导孩子提问，鼓励孩子挑战，和学生平等对话，教学相长。

如今，我国的经济总量日益提升，发展的速度也越来越快，但是我们依然面临着被人"卡脖子"的困境，例如芯片不足、缺少光刻机等，某些关键领域还是要依赖他国。落后就要挨打，发展就需要创新。可以说，创新成为我们国家当下迫在眉睫的重要任务。这不仅需要我们给孩子提供新的教育环境，还要从上到下重视对基础教育的投入。世界各地的教育都在改革，以适应时代的变化。如果我们的孩子接受的教育跟不上世界发展的步伐，他们便很难在未来的世界舞台上有更好的表现。

因材施教和情景式教学

每个孩子都是不同的个体，用同一种方式来评价不同的孩子，这既不符合个人发展模型，也不符合国家发展需要。

中国学生在2018年的PISA（Programme for International Student Assessment，国际学生测评项目）测试中取得了最高分，但是通过调查发现，中国孩子花在学习上的时间是别人的两三倍。调查还显示，中国学生在归属感一栏的评分是排在后面的，他们不喜欢去学校，害怕去学校。在成长的心态方面，中国孩子的评分又是靠后的，因为大家觉得我别无选择，只能学习。

芬兰的教育改革是全世界公认的成功典范，我曾经走访了芬兰的罗素中学。罗素中学在1987年就开始了改革，是芬兰中小学教育创新的典范。罗素中学取消了年级制，采用了模块式和情景式的走读制。这些模块的学习不是靠一门学科，而是要综合运用多门学科的知识来寻求答案，是到真实环境中去解决问题。罗素中学敢为人先，实现了真正的因材施教和学以致用。

终身学习和可持续发展

我们有不少孩子从小学一口气读到博士，就是为了毕业后找一份高薪的工作，而没有其他的目标。不夸张地说，我们的教育背后带有太多的功利主义思想，所以孩子的发展常常后劲不足。没有理想的支撑，我们做什么都很难坚持下去。

当今世界瞬息万变，互联网和人工智能正在改变世界的进程，依靠大学几年的学习就吃一辈子的时代已经不复存在。我专门就此采访过新加坡国立大学的校长陈永财教授，他说新加坡的教育始终在求新求变，不会停止变革的脚步。他们为国民提供终身学习的机会，相信现代知识每五年就会更新一次。正是因为有了全民学习、终身学习的意识，新加坡这么一个几乎没有任何资源的小国，才得以在亚洲和世界立于不败之地。

2001 年，日本政府曾经制订了一个野心勃勃的计划，要在 21 世纪前 50 年拿下 30 个诺贝尔奖。进入 21 世纪以来，日本居然已经斩获了 20 个诺贝尔奖，几乎每年一个。在日本京都大学采访的时候，那种安静、不慌不忙的教育氛围让我印象深刻。这些学者个个低调、谦卑、踏踏实实，学校也绝不干涉教师的教学计划，教师拥有自由的学术和科研空间，这种和谐中蕴含着巨大的能量。

面向未来的国际教育

2013—2019 年，我带领新东方团队，每年进行 1—2 次的出国考察，总行程 40 万里，走访了 20 多个地区、200 多所世界名校，和教师、招生官以及中国留学生进行了 500 多次访谈，感触良多。

中国每年有几十万人出国、出境学习，国际教育究竟在个体身上发挥了怎样的影响？他们的学业和职场如何衔接？他们的海外收获有没有一些可以提炼出来的共性？为了更深入地了解这些，2019 年，新东方出版了第一部留学生访谈集《对话青年·留学影响力》，采访了 30 位年龄在 30 岁左右并已在国内外就业的留学毕业生，他们或在业内崭露头角，或专注某一领域，或追求实现个人价值……已经步入职场的他们回望自己的留学经历，分享了各自的收获与成长。

2020 年，我们再次发起了针对留学生的系列访谈，推出了访谈集第二部——《对话青年·坚守的力量》，将目光放在复杂的国际形势下，仍然坚持留学申请、拿到录取正在准备出国以及疫情下还在国外就读的同学身上。对于那些正在准备留学，或者正在犹豫是否推迟或放弃留学计划的学生而言，书中的经验或许能给他们提供一些借鉴。

2022 年，"对话青年"系列的第三部如约而至，我们邀请了 25 位留学生与 5 位曾有过留学经历的高校老师参与访谈，涵盖各个主要留学目的国以及多维度的专业方向。这些被访人有些仍在海外院校认真就读，有些正站在职业发展道路的起点，有些已在自己的领域大放异彩。留学经历对于他们而言非常鲜活，也让他们拥有了更为清晰的目标。希望此书能够给当下对未来迷茫的学生群体、担忧国际形势的家长朋友以及更多对留学感兴趣的人士一些启发。

世界的发展，是在国与国的互动中完成的，全球化的趋势无法阻挡。我希望更多的中国家长和孩子了解当今世界先进的教育理念及其实践，甚至有机会去亲身体验他乡的教育。我也期待越来越多接受国际化教育的学生回到中国，带着多元的文化背景、以全球化的眼光审视中国的发展，为国家贡献自己的力量。这些知己知彼、学贯中西的跨界人才在未来的国际舞台上，将会不断绽放光彩。

目录
contents

一、追梦美加

一

追梦美加

莫天池

脑瘫少年在美读博，要亲眼看见更大的世界

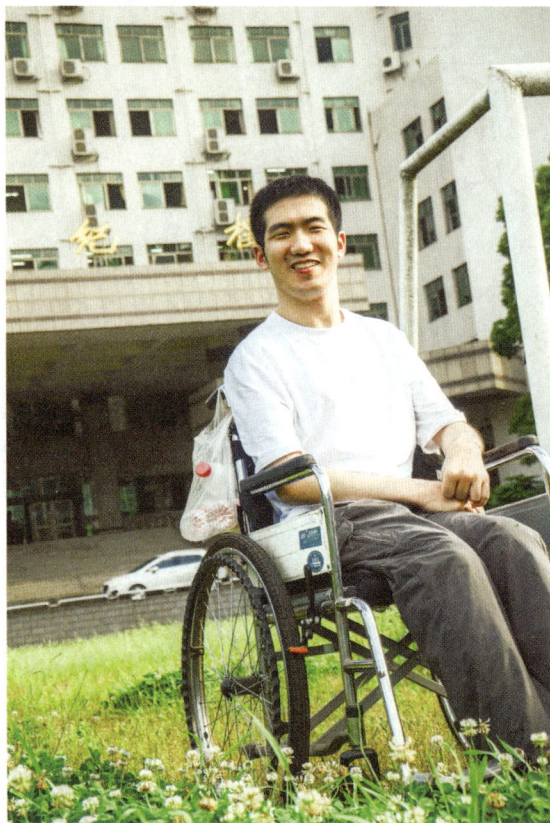

　　时光飞逝，转眼间，莫天池在美国纽约州立大学石溪分校就读计算机科学博士已经3年有余。这3年来，莫天池没有回过国，其中有自己身体的原因，也有疫情的因素。父亲的陪伴缓解了他对故土的思念之情，教授和同学们的友善也让他的留学生活不那么孤单。在美读博比自己想象的更具多变性，也更有挑战性。

攻读博士，是不断钻研未知的过程

2018 年 8 月，莫天池前往美国纽约入学。纽约州立大学石溪分校，位于纽约市郊风景秀丽的海滨城市——长岛，乘车一个半小时即可到达纽约市中心曼哈顿区。

学校的残疾服务中心早早得到消息，贴心地为莫天池准备了一辆带轮椅升降机的厢式车来接他去学校，并告诉他学校有 5 辆这样的车，每天 16 个小时随叫随到，可以接送他去学校的任何一个地方。

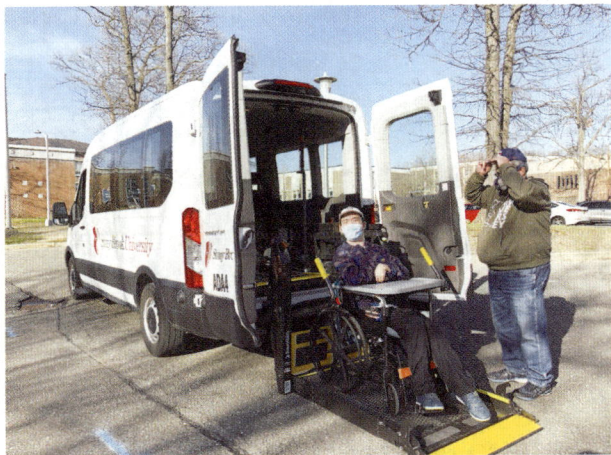

莫天池乘坐学校为残疾学生提供的带轮椅升降机的厢式车

学校浓郁的学术氛围让初到美国的他心生雀跃，但很快，他就体会到了莫大的学业压力。

依据学校的规定，要想在读博期间参与科研工作，进而顺利地毕业，需要前四个学期（二年级结束以前）在至少五门核心课程中获得 A 或者 A– 的成绩，而在博士课程中拿到 A 并不是一件容易的事。

美国的研究生教育对学生自学能力的要求非常高。如果学生习惯了在作业、实验、课程项目中单纯地重复老师讲过的东西，那么他在美国的学习就会变得困难重重。

"比如我第一学期修的数据科学基础（The Foundation of Data Science）这门课，"莫天池举例道，"上课时，教授旁征博引，从基础的线性代数到热门的深度学习，涉及数据科学的各个领域，他的目的是拓宽我们的理论知识面。而这门课的两次核心作业和课程项目，则要求我们掌握足够的编程实践能力，以解决诸如纽约市出租车费用分析、流行音乐生命周期分析之类的实际问题。而实际上用于解决这些问题的实践技术细节并不是这门课的核心内容，需要我们自己在课外主动学习。"

于是，一边抱着教材学理论以应对随堂测验，一边投入大量的精力进行课程实践，成为莫天池生活的常态。在那段时间里，晚上熬夜编程到两三点更是家常便饭。

精诚所至，金石为开。经过三个学期的努力，莫天池以全A满GPA（Grade Point Average，平均成绩点数）的成绩修完了数据科学基础、算法分析、计算几何、数据库理论以及机器学习五门课程，顺利完成项目所需的课程学分要求，迈进了课题研究的阶段。

相对于课程学习，课题研究又是另一番景象。莫天池主要的研究领域是计算机理论，包括算法和数据结构优化、概率论和计算几何。这个领域的主要目标就是让计算机用尽可能少的资源，尽可能快地完成计算任务，其中许多设计精妙的算法和数学的严谨之美让人拍案叫绝。

但科研从来不是一帆风顺的。读博至今，莫天池最大的感触就是过程的不确定性。与之前的学习阶段不同，读博除了学习已有的知识，还需要去努力拓宽现有领域的边界，不断探索未知，所以很多时候无法确定自己正在进行的科研工作是否会有一个理想的结果。

"比如我目前正在研究的一个课题，经常出现实验结果和理论不一致的情况。由于所研究的内容是全新的，并没有现成的资料能够指导研究者渡过难关，你所能做的只有尝试所有的可能性，和研究团队一起分析并解决遇到的问题。"

但疫情的到来打乱了莫天池的研究步调。美国疫情暴发以来，学校要求美国籍的学生尽量回家，减少宿舍的居住密度。所有课程、研讨会、读书小组都改为线上。最严重的时候，学生每天都要用 APP 向学校登记健康情况，住校的学生每周要检测两次核酸。

对莫天池而言，与团队成员的在线沟通充满了挑战。由于生理上的语言障碍，他需要花费大量时间准备每一次会议的幻灯片，以确保能够准确表达自己所要表达的内容，这非常消耗时间精力，也让他的个人状态有些不佳。不过他一直在努力适应和调整，希望能尽快突破这个瓶颈，在接下来的学习中取得新的成果。

即使艰难，他依然庆幸自己当年没有选择放弃出国留学，没有放弃这一片更为广阔的天地。

坐着轮椅赴美读博

因出生时的医疗事故，莫天池罹患脑性瘫痪，无法站立行走，只能与轮椅为伴。身体的残疾给他的成长带来诸多不便。疾病严重影响了他的说话和吞咽功能，他也无法像正常人那样握笔写字，书写速度不及常人的三分之一，电脑打字也仅靠两根手指。

尽管如此艰难，他也没有因此放弃自己的人生。上天给他制造困难，同时也给予他智慧。

从小学开始，莫天池就常年保持优异的成绩。高中毕业后，他以高分考上中南大学软件学院。本科毕业后又以专业第一的成绩被保送本校读研，更成为当时唯一一名获得研究生国家奖学金的学生。也是在那一年，他萌生出想要跳出舒适区，去看更大世界的想法。

2015 年，莫天池开始做出国留学的准备。由于身体上的障碍，美国教育考试服务中心准许他考托福的时候可以免考口语。但即便只考三个项目，对于莫天池来说，依然要付出比常人多数倍的努力。

功夫不负有心人，第一次托福考试，莫天池就取得了听力满分、写作和阅读接近满分的优异成绩。他特别开心。他说："当时我对这个成绩满意极了，觉得留学申请肯定没问题。"拿到成绩后，莫天池踌躇满志地申请了12所美国高校，但所有的申请都石沉大海。

时间一天天流逝，莫天池的邮箱里却一点动静都没有。尽管在给学校提交申请书时同时递交了口语免试证明等附件材料，校方还是以没有口语成绩为由纷纷拒绝了他。

莫天池在上语言培训课程，为留学考试做准备

"我已经考虑放弃了。"莫天池说，"当时正值研究生毕业，留学申请又遭遇'滑铁卢'，我已经开始计划要在国内找工作了。"对于他的决定，莫天池的父母一贯表示支持，但他身边的好友们都鼓励他应该趁年轻出去看一看更大的世界，老师们也希望他能再试一试，认为就这么放弃太可惜了。

思索再三，莫天池决定拼一把，再考一次托福考试，包括口语。

英语口语，对于有构音障碍的他来说，几乎是一道无法逾越的关卡。有时候，一个 60 秒的段落，莫天池需要练习 1 个小时。然而，突破自我的决心让他坚持了下来。

考试前的 3 个月，他每天至少说一个半小时的口语，把嗓子都说哑了也要保证练习时间。尽管耳朵因长时间佩戴耳麦开始脱皮出血，但他还是坚持每天花 5 个小时反复听抄，保证能听明白材料里的每字每句。天道酬勤，最终，莫天池以听力、写作、阅读全部满分，口语 23 分，总分 113 的好成绩成功"上岸"，这样的高分足以申请全世界所有的名校。

2018 年的早春，莫天池陆续收到国外大学发来的录取通知。纽约州立大学石溪分校和新泽西理工学院不仅接受了他的博士申请，更为他提供了全额奖学金。此外，雪城大学、哥伦比亚大学、波士顿大学、华盛顿大学等诸多高校也向他抛来橄榄枝。这一次，莫天池迎来了独属于他的春天。

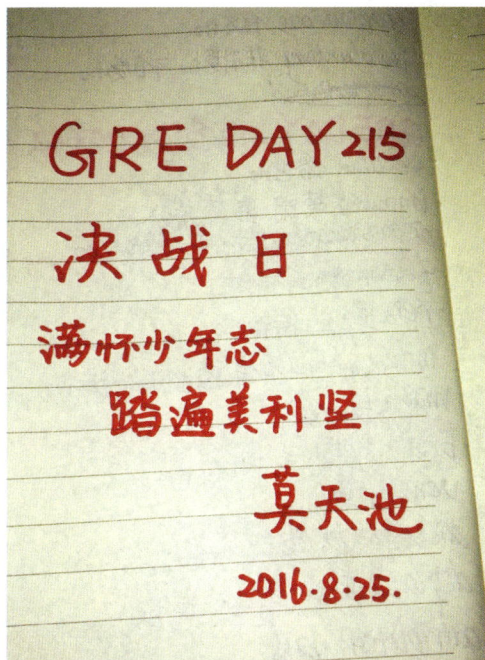

在备战 GRE（Graduate Record Examination，美国研究生入学考试）的过程中，
莫天池不断给自己打气

领略异国风情，亲身体验世界的风采

由于身体有障碍，20多年来，莫天池几乎没有离开过他的家乡湖南长沙。这次出国留学给了他体验异域文化的绝好机会，很多以前只能在书本上看到的事物，现在能亲眼观摩、亲身体会。

石溪分校临近纽约市，他在现代艺术博物馆体验过波洛克泼溅作品喷薄而出的力量和凡·高充满生命力的颤动的星光；在大都会博物馆凝视过最早的希腊独立人像和莫奈笔下温柔的晨曦；在纽约自然历史博物馆见到过霸王龙巨大的头骨和全长37米以上的泰坦巨龙化石。作为一个军事迷，他还登上过第二次世界大战时著名的埃塞克斯级航母无畏号和衣阿华级战列舰新泽西号，在纽约航展上看到过第二次世界大战时的螺旋桨战斗机和现代的喷气式战斗机并肩飞过天空。而这所有的一切，都让莫天池感受到了震撼的力量，这是书本和视频无法传达的。

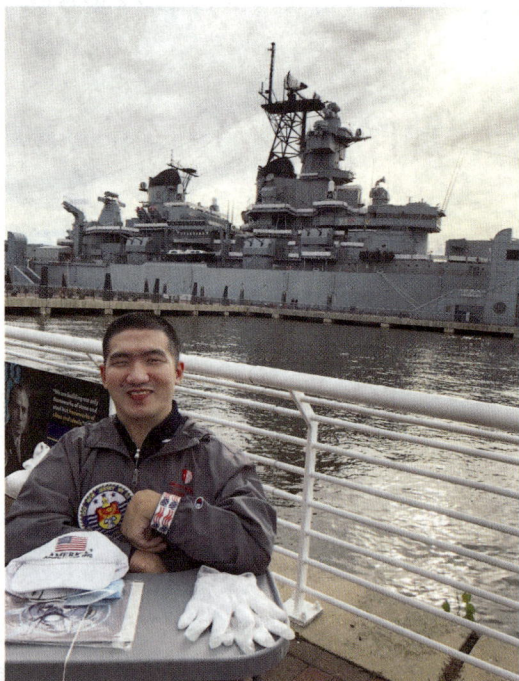

参观衣阿华级战列舰新泽西号

2020 年疫情的到来让莫天池少了一些出去看一看的机会，但也给了他更多读书消磨时光的机会。每一年，莫天池都会给自己列个书单，记录自己想看的图书，抒发自己的读书感悟。他曾用 3 个月读完一套《鲁迅文学全集》，这套书让他粗浅地了解了与之前在课本中学到的完全不一样的鲁迅先生，也给他的内心世界带来了一次新的洗礼。

除了阅读，莫天池还迷上了国际象棋。每到周末，他就常常拉着来自黎巴嫩的室友穆罕默德过过"棋瘾"，哪怕至今一次都没赢过，也乐此不疲，尽情享受着对弈的乐趣。

未来，他也许还要面临很多未知的挑战，但他依然很为自己选择了出国留学的道路而高兴。莫天池认为，能在年轻的时候亲眼看一看更大的世界，是一件很酷的事情。

董梓庭

留学美国是一场自我蜕变的旅程

对于董梓庭来说，她的过往就是在自我觉醒的道路上不断探索、行进，现在也是。赴美留学的经历加速了这个过程，中西文化的交融令她对于自我的认知更加清晰。在这广阔的天地之间找到自己的位置，不受外界影响，独立从容而又坚定地走自己的道路，是她在经历跌宕起伏的求学路之后收获的宝贵财富，也成为她的人生准则。

衡水中学就读日常

每天早上 4 点多，宿舍里的闹铃声就此起彼伏地响起，舍友们纷纷起床，偷偷穿好衣服、叠好被子。待到 5 点半学校打铃时，所有人就第一时间冲出宿舍楼，来到跑操的集合地点。每天班主任都是第一个站在操场上的，当学生们从宿舍出来，他看向一个个睡眼惺忪的学生，用眼神进行无声的催促。每一个无意中与班主任对视的学生都不禁加快脚步，毕竟没有人想做最后一个到达的人。

从起床到跑操集合地，董梓庭的极限时间是 5 分钟，但总有同学的动作和速度比她更快。无论怎么努力，她仍是每天最晚到的几个同学之一。

在董梓庭看来，这个学校里的所有学生都在跑：跑步去吃饭，跑步去教室，跑步回寝室……每个人都好像背后有人在拼命追赶他们一样，多一个停顿、多说一句话似乎都是浪费时间。除了上课期间，教室里几乎没有什么声音，大家都在低头学习。

每天晚上的《新闻联播》可能是唯一的属于外界的声音，也是学校让学生每日观看的。但可惜，作为备战高考的复读生来说，董梓庭只能"看"静音版的，因为这也是老师为学生讲题的时间，她必须争分夺秒地学习，摘得好成绩。

江湖上关于衡水中学的"传说"有很多，包括它严苛的管理制度，几乎"变态"的备考氛围。但同样，这里也是出好成绩的地方，被网友们誉为"清华北大输送站""高考状元制造基地"。每年学校都会送不少学生进入北京大学或是清华大学。在这里学习，意味着已经一脚迈进了名校的大门，而另一只脚能否跟着踏入则取决于学生本身。

这就是衡水中学，全国最有名的中学之一。

逃避虽然"可耻"但有用

董梓庭在衡水中学学习过一段时间，虽然只有短短的一个月，但她却觉得那段时光过得有种"天塌了"的感觉。情绪崩溃是董梓庭感到人生灰暗的主要因素，而这一切源于高考的失利。2015年，写错了高考作文题让她之后的考试考得非常麻木。"大脑一片空白，感觉自己都不会思考了。"高考出分当天，她在网上报了衡水中学的复读。

其实董梓庭当年的高考成绩比一本线高出不少，想有个学上不是什么难事，但对于一个来自"高考大省"河北省的考生来说，不考出一个相对更高的分数根本不会有什么名校可以入读。"我当初的目标是985高校，最差怎么也得是中流211高校。"董梓庭说，"当时的成绩肯定不够，我不甘心。"

从小，董梓庭都是在当地最好的学校读书，成绩相当不错，对于老师们来说，她是个冲击名校的"好苗子"。报名衡水中学，是她自己的意愿，她想看看这么有名的中学到底是什么样子的，也想看看自己到底能不能行。然而真实的衡中生活给了她一个猛烈的"巴掌"。

对于董梓庭来说，最让她难受的并不是衡水中学苛刻的制度和每天高强度的学习，而是那种学习气氛，时时刻刻感觉自己被限制在由成绩分数搭建起的围墙中。

她开始质疑当初理转文的决定是否正确，开始后悔之前不该只抱着"熟悉报志愿流程"的想法而填报了一所提前批高校，她开始考虑逃离衡水中学。所以，当她知道自己被这所唯一的提前批高校录取时，没有丝毫犹豫，她选择了接受。

直到现在，她依然用高考复读的"逃兵"来形容自己当年的逃离。只有她自己明白，她因身体和精神状态承受着极大压力，对衡水中学的生活有着本能的抗拒。"如果我的身体和心理状态崩溃了，第二年就算我考上北大又怎样呢？我会开心吗？我还能继续大学生活吗？衡水中学再好，我们班再好又怎样呢？

这不代表我就会好。"

现在回想起来，那段短暂的衡水中学的学习经历也给了她很多收获，她的幸福感越来越高，也越来越无所畏惧，毕竟已经经历过最低谷的时期，未来还有什么困难好怕的。她很珍惜现在的生活，也感激过去的岁月，她比之前更加了解自己想要什么，也知道自己想要成为什么。不论身处在何种环境，想要做成一件事情的时候就要坚定地去争取，困难都会过去，自己也会变得更加优秀。

"从天而降"的华侨大学

在董梓庭最难的时候，华侨大学似"救世主"般从天而降，把她从衡中带了出来。因此，她也一直强调学校对她有知遇之恩，对进入华侨大学的这次机会格外地珍惜。

高中时，董梓庭就有了研究生出国的想法，她对华侨大学的121中美人才联合培养的项目很感兴趣，于是就填报了此项目的几个专业作为提前批志愿。但填报之时她并没有会去读的想法，除了这一所院校，志愿表中其他的位置都是空的。"当时就认定自己肯定是要复读的，没给自己留后路。"

然而没想到的是，最后就是这样一所唯一的志愿高校"捞"了她一把。

"中美人才培养计划"121项目是由中国教育国际交流协会（China Education Association for International Exchange，简称CEAIE）、中教国际教育交流中心（China Center for International Educational Exchange，简称CCIEE）与美国州立大学与学院协会（American Association of State Colleges and Universities，简称AASCU）主办，以培养国际化人才为目标，以中美高校学分学历互认为基础的中美高等教育交流与合作项目。参与该项目的学生大一和大四在中方高校学习，而大二和大三则需前往美国合作院校学习，毕业后即可获得两所高校的毕业证书和学位。截至2020年10月，有166所中美大学参加该项目，中方大学124所，美方大学42所。华侨大学就是其中之一。

华侨大学校如其名，是一所由中央统战部领导，为方便华侨青年回国升学而设立的大学，坐落于福建省泉州市和厦门市。学校包容且开放，拥有来自各个省市、港澳台以及东南亚和其他各个国家的学生，校园的国际气氛浓郁。此外，华侨大学的环境也很美，一年四季花开不断。然而董梓庭却无暇进行沉浸式的享受。

对于大学生活，董梓庭将其总结为"忙碌"。从大一开始，她就在不停地修学分，并准备出国事宜。课表从早上 8 点排到晚上 10 点，有时周末也要去上课，整日奔波。她自身并不满意最初被录取的专业，一直在筹谋转专业的事情，这更需要她拿出成绩来证明自己的实力。

由于自小深受家庭环境的影响，选择商科专业是董梓庭一直以来的目标。大二那年，她顺利来到美国鲍尔州立大学学习，并凭借大一学年年级第一的成绩成功跨学院从旅游管理专业转至工商管理专业。

初次赴美留学，经历留学生的辛酸与不易

在鲍尔州立大学的生活并不轻松。在她之前，华侨大学与鲍尔州立大学少有合作，在两校间转学分不是非常流畅，导致许多课程不能互相抵消，她需要在 2 年的时间内修完美国高校 4 年的学分，才能拿到毕业证。

鲍尔州立大学位于印第安纳州中部的小城市曼西市。曼西市虽然吃喝玩乐和公共交通都不太方便，但民风淳朴，生活节奏缓慢安逸，是个非常适宜居住的地方，用留学生圈的话来说就是一个"大农村"。这所高校还培养出了世界三大比萨品牌之一 Papa John's（"棒！约翰"）的创始人约翰·施耐德先生，校园里遍布的 Papa John's 门店也成了一道独具特色的风景线。

虽然在疯狂修课，但她依然能抽出时间和朋友们出去旅游，或跑到星巴克打工，体验当地学生的生活。同样，她也经历了每个留学生的必修课：频繁搬家。"其实总数也没有很多，但几乎每个学期都会搬一次，我一共就待了 2 年感觉也很频繁了。"董梓庭解释道。

在鲍尔州立大学读书时，宿舍外美景

她也曾体会留学生的狼狈和窘迫。初到美国时不懂得计划每周物资，去沃尔玛采购，然后像个苦力一样提着大包小包艰难地回到宿舍；曾为了搬家步行往返于旧住处和新公寓间十几趟，一个人用几个箱子倒腾着搬完自己的全部家当；国外水质偏硬，学业又很紧张，每次看到大把大把掉落的头发她都深感焦虑，喝下一袋又一袋黑芝麻糊，祈祷头发还能长回来……

经历了这一切之后，董梓庭觉得自己又成长了，行为处事也变得颇有些波澜不惊。网上有句话是这样说的："并不是说牺牲了周末去图书馆就是学霸了，搬运组装家具也不能证明你是女汉子，这些事情只能证明，你正在经历每一个普通留学生都会经历的事情，普通到不能更普通，这些都是留学生活本来的模样。"

其实不论是本科选择留美，还是日后坚定地选择申请美国研究生，董梓庭都在不停地推着自己往前走。"我其实是一个自驱力很强的人，当我想要达成一件事的时候我不会给自己留退路，所以我不是很适应衡中那种'被逼迫'

的感觉。后来申请研究生的时候我也考虑过其他国家的，因为当时 GMAT（Graduate Management Admission Test，经企管理研究生入学考试）没考出来。但我转念一想，如果我选择申请了英国或澳大利亚的高校，那我 GMAT 成绩估计就出不来了，我不想给自己留退路。"

继续深造，在世界名校遨游

能成功申请到约翰斯·霍普金斯大学（Johns Hopkins University，简称 JHU），对于董梓庭来说，这是一件意料之外又是情理之中的事情。申请名校研究生对于她来说既是一种证明，同时也是弥补遗憾，为圆一个名校梦。

入学之前，她对于约翰斯·霍普金斯大学商学院金融学专业"水"的传言也有所耳闻。而之所以会有这个传闻，是因为该专业中国学生颇多。但作为一个世界排名前十的高校，它怎么会水呢？到了新生入学的那一天，董梓庭被同学们金光灿灿的履历"闪"到了眼睛。

约翰斯·霍普金斯大学 Carey 商学院，也是董梓庭就读的学院

她的同学中不乏来自"清北复交"、"两财一贸"、中国人民大学、浙江大学等国内名校的学生，也有很多来自加州大学伯克利分校、纽约大学、波士顿大学等知名高校的学生。有些同学甚至已经在"四大"、MBB（麦肯锡McKinsey、贝恩Bain、波士顿BCG，均为美国知名咨询公司）有丰富的实习或者工作经历……刚刚入学，董梓庭就感受到了莫大的"同辈压力"。"真是应了那句话：这个世界上最可怕的莫过于比我们优秀又富有的人，比我们更加努力！"她自嘲道。

这不是她第一次被优秀的人群包围，之前会妄自菲薄，但现在她很淡定。"这里的每个人背景都不一样，每个人的目的和想法也大相径庭。但是我相信每个能来到这里的人都有自己的闪光点，我相信我也有。"

经历了 2 年繁忙的研究生学习，董梓庭顺利毕业

主动做出的选择才是自驱力的开端

如果要问这 4 年的留美经历给董梓庭带来了什么，她会说这是一次价值观的重塑，一场自我蜕变的旅程。

从小一路走来，她感觉自己一直被社会的主流价值观裹挟着：考不到

985、211 高校就是学业上的失败者，找不到多金或稳定的工作就是社会的失败者，她所做的一切都在顺应老师的期待、社会的期待。但当这些价值评价体系全部崩塌之后，她发现，当一个人想要变得优秀的时候，是由自己主动选择变得优秀，是用内心的热爱去驱动前行的步伐，而不是应社会的要求做出选择。

现如今，董梓庭已毕业回国，在金融行业里摸索、生根。对于未来，她打算进一步提升自己的个人能力，持续不断地学习、精进。同时，她也会保持自己生活中的爱好，做到工作与生活的协调和平衡，保持身心愉悦。她始终相信，只要想做成一件事，全世界都会让路，而她也将在金融这条道路上持续深耕，行将致远。

黄李飞
从专科到哈佛，
深耕教育领域只为建立更完善的教育模式

回想过去，即使是现在的黄李飞仍然觉得自己在美国的深造之路非常梦幻。在 2015 年之前，他从来没有想过自己有一天会远赴美国求学，而到美国求学的这个决定也让他的人生轨迹发生了翻天覆地的变化。"当我踏出了那一步之后，才知道离海阔天空真的只有一步之遥。"

中考失利，命运转折的起点

2010年，黄李飞中考失利，考取的成绩不足以让他升入普通高中，只能选择前往专科院校继续读书。面对这个意料之中的结果，他有些失落。"当时自己确实是不怎么会读书，年纪小也比较贪玩，没觉得读书不好有什么。"黄李飞叹息道。

黄李飞所就读学校的项目是五年一贯制，即以初中为起点的高职专科教育，5年学业期满即可获得大专学历。他的同学大多升入高中，只需就读常规的3年即可毕业。与大多数同学就读时间的差距和对未来的迷茫让他感到痛苦。学习与生活之余，他时常会想："我的一辈子就是这样了吗？这是我要的生活吗？""不，我不能让自己永远陷于中考的失利中。"黄李飞这么告诉自己，"我一定能找出一条新的出路。"

专科毕业后，黄李飞以应届生的身份参加了专升本考试，并以福建省第一名的成绩考入了闽江大学——这是当时他所居住地区提供专升本项目中最好的大学。虽然可以成功进入本科阶段的学习，但他仍然不甘心，他渴望能够进入更好的大学，获得更加优质的教育。

求学美国，打开"新世界"的大门

2015年，黄李飞的家人计划赴美，这个规划让他萌生了跟随去美国读书的念头。但由于放弃了在国内读本科的机会，他只能凭借着大专的学历证明申请高校。众所周知，大多数美国高校均要求本科申请者提供高中的毕业证明和成绩，对于使用国内五年一贯制的大专学历替代高中学历这一做法并不认可，为此他也频频碰壁。

虽然希望有些渺茫，但他并没有放弃，他开始学习雅思并获得优异的成绩，向校方证明自己有能力进入本科阶段的学习。经过与校方的不断沟通，最终他得到了一个马萨诸塞州立大学波士顿分校入学考试的机会。

马萨诸塞州立大学波士顿分校

马萨诸塞州立大学的入学考试以机考形式进行，并采用动态难度试卷来测评学生的学习能力和英语水平，试题随着学生做题的正确率变化而不断调整难度，并最终给出相对应的分数。对于黄李飞来说，试题整体难度并没有很高。"当然也有可能是我英语比较好，"他开玩笑说道，"毕竟当年中考失利以后我就开始疯狂地学习英语，所以最后考得很好。"

选择教育，深耕于低龄教育领域

黄李飞本科所选择的专业是儿童教育。选择这个专业，源于年幼时的一次经历。有一次，黄李飞考试没考好，老师将一本书砸了过来，书本砸中了他的额头。直到现在，他的额头上还有疤痕。也正是这块疤痕，时刻提醒着他未来要从事什么方向的事业，要如何给学生带来真正意义上的教育，鞭策他执着投入教育事业。

"我不想让更多的学生和曾经的我一样，因为外部因素而丧失对读书的兴趣，或是迷失了对自我的认知。所以当时在选择专业的时候，我丝毫没有犹豫地选择了儿童教育，未来我也希望能创办一所学校，覆盖幼儿园至高中阶段的学习，将自己的教学理念和研究付诸实践。"黄李飞坚定地说道。

马萨诸塞州立大学波士顿分校校园一隅

梦想是丰满的，但落地却没有那么容易。在美国创办一所学校不是一件容易的事，需要一系列非常烦琐的手续和规定，并要求申请人提供自己希望采用的课程体系的教育评估，这就需要申请人在教育领域中具备相当出色的水准。而这些并不是一个本科毕业生能做到的。

为了实现自己的理想，黄李飞早早就规划好继续深造的计划，并敲定了自己的硕士目标院校：哈佛大学。

逐梦哈佛，命运不会辜负每一个努力的人

哈佛大学是一所私立研究型大学，坐落于马萨诸塞州波士顿都市区剑桥市，常年荣居 U.S. News 世界大学排名前列。同时，它也是美国本土历史最悠久的高等学府，由 10 所学院以及一个高等研究所构成，在文学、医学、法学、商学等多个领域拥有崇高的学术地位及广泛的影响力，被公认为当今世界最顶尖的高等教育及研究机构之一。

为了达成自己的目标，本科期间，黄李飞认真对待每一门课程并努力争取高分，每年的院长名单上总会出现他的名字，而且他多次获得学校根据学年成绩排名颁发的奖学金。整整 4 年，他几乎没有向家里要过钱，所有的学费和生活费都来源于这一笔笔的奖学金。

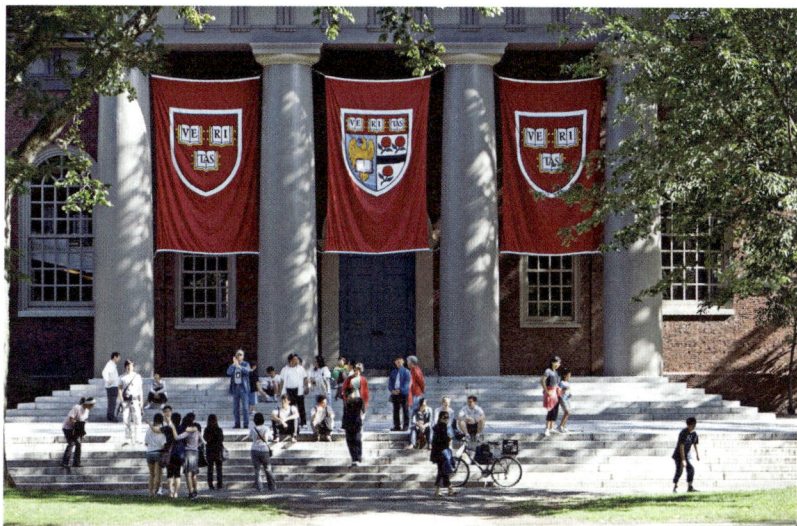
哈佛大学校园风景

当黄李飞告诉他的亲朋好友他未来要申请哈佛大学的研究生时，朋友和老师都觉得这是天方夜谭，直言他很难成功，认为他把这所高校作为目标院校是不太切实的幻想。就连给黄李飞写推荐信的老师也安慰他，如果没有被录取的话也不要难过，可以考虑一下别的学校。但憋着一口气的黄李飞就是不服输，他觉得自己只要努力去争取，怎么就不可能被哈佛大学录取呢？"当时的我真的是非常渴望去哈佛大学学习，想申请的硕士项目也是当时排名世界第一的。"黄李飞说，"我的想法就是去努力一下，如果失败就不读（研）了。就是抱着这样的想法，不能允许自己失败。"

孤注一掷后如果失败了，他又该如何规划自己的生活呢？很显然，黄李飞并没有考虑这个问题。他满心所想的都是如何才能真正地踏入哈佛大学学习，成为哈佛学子。他用一个月的时间集中学习 GRE，心无旁骛，每天学习 15 个小时以上，最后考出的分数在哈佛历年录取学生的平均分之上。

此外，哈佛大学会不定期举办各种公开的研讨会，有不同的议题和学科领域，吸引感兴趣的学生报名参加。正值大四的黄李飞没有错过任何一场与教育学科相关的研讨会。只要学校有活动，黄李飞便会立刻前往学校参加活动；线上的活动他也常常是第一个报名参加的学生；学校发起的所有教育类相关的讲座、公开课等教学活动，他也全部报名参与，并准时到达现场，认真做课堂笔记，收集整理学习资料，分析他们想要什么样的学生，努力达到哈佛老师理想学生的标准。

现在回想起来，黄李飞仍然感慨万千。"成功申请哈佛大学真的很难很难，我现在回想一下那段经历，仍然还是会有那种万箭穿心的感觉。"他感叹道，"但是一走进哈佛大学校园，走进研讨会的课堂，听老师们讲课，真的就是不一样的气氛和感觉。当时我就觉得我一定要上这所学校，它的师资和教学质量是没去体验过的学生无法想象的。对哈佛我真的是有一种特别强烈的欲望，也正是这种欲望让我大四那一年就为这个目标不断努力。"

在这些大大小小的研讨会中，有不少课程会涉及招生的问题。教授会介绍哈佛大学想要什么样的学生，也会给予学生写文书、论文的一些建议。"我强烈建议有条件的学生要多多参与这些活动。"黄李飞真诚地表示，"报名的时候一定要写自己的真实姓名，在活动开始时，老师一般会把名字念出来，如果常常参与活动并在活动后经常向老师提问或者交流，都会让老师对这个名字产生印象，我认为这对于申请知名院校来说也是大有裨益的。"

对于哈佛大学这类世界知名院校来说，每年都不缺向他们提交申请的学生。从 2002 年到 2022 年，20 年来，哈佛大学的申请人数从 2 万多人增至 6 万多人，录取率则从 10.5% 跌至 3.19%。由此可见，能从众多优秀的学生中脱颖而出，拿到哈佛大学的录取通知，是一件多么不容易的事情。

因此，当黄李飞收到哈佛大学教育政策与管理专业的录取信时，他只感觉不真实。"我当时正好在学校里，我跟同学说我好像被哈佛大学录取了，同学一脸不可思议。他后来叫了好多朋友围着我看这个录取信是不是真的。"黄李飞笑着说，"当我们一再确认这个录取信是真的时，我的朋友们感觉比我还开心，纷纷发了朋友圈，还说他们在哈佛也有家属了。当时觉得自己这一年的努力真的没有白费，就像那句老话说的：'有志者，事竟成！'"

深度体验名校教育的魅力

正式成为哈佛大学的学生，黄李飞的挑战才刚刚开始。本科 GPA 达到 3.97 的他是此前本科院校里的佼佼者，然而新同学们金光闪闪的简历让他赞叹。"在这里，本科 GPA 4.0（满分）的学生遍地都是，更不用说参加其他的活动、科研之类的经历，跟他们比起来我好像也没那么厉害。"黄李飞感慨道。

虽然同学们都很优秀，但他也没觉得自己很糟，同学们优秀的背景反而激发了他的斗志。"我就是那种不会向他们低头的性格，同学们确实很厉害，但我也要跟他们一样厉害。"

以哈佛学子的身份进入哈佛校园，对于黄李飞来说，是一种全新的体验。如今，大学校园基本采用电子管理，图书馆和部分教学楼只对教职工或学生开放。学生或教职工需凭借学生卡或工作证刷卡才能进入。虽然黄李飞在大四期间频繁进出哈佛大学校园，但很多地方他并没有办法去探索。

第一次凭借学生卡打开这些"神秘地点"，黄李飞非常兴奋，那种终于被心仪高校接纳的归属感涌上心头。不过，这种感觉很快被课程上的"折磨"替代，哈佛大学研究生课程的难度超出了他的想象。"我深刻地记得，教育哲学这门课听起来好像是个'很轻松很水'的课，但到了课堂上才发现这门课的同学基本都是博士三年级的学生。课程内容晦涩难懂，当时真的是感觉很绝望。"

哈佛大学校园一角

在哈佛，黄李飞还学习了很多诸如统计学、金融学、经济学等似乎与教育并不沾边的学科，待到后来他才明白这些课程都是非常有学习必要的。"如果将来开办学校，我就会用到这些知识。"黄李飞解释道，"在实际的情况中，虽然学校属于非盈利性质，但就整个开办流程来说，办学校就跟开公司是一样的，我也需要掌握这些技能。"

在美国，有一种非常特殊的学校叫特许学校（Charter School）。这类学校是由个人或团体开办，由政府拨款运行的公立学校。特许学校经过教育厅"特许"授权后，申请人可以根据此前申请时拟具的学校经营理念进行运营和招生，并在与政府签订的契约规定期限内达成双方认可的经营目标（一般是指学生成绩）。这种目标通常是以改进学校教学现状为主，因此，多数特许学校具备教育实验的性质，通常也可以免除例行性教育行政法规的限制，如各学科授课时数、教学进度、教师工作准则、薪资规定以及例行性的报表等。

黄李飞未来的理想以及教育研究方向就与特许学校有关。"每个学生都是独一无二的，每个学生的教育背景也各不相同，他们中间有很多人可能在幼年时期被父母送去学音乐或者艺术，但后来转入正常的中学时却需要通过为常规升学路径的学生设计的考试，我觉得这非常不公平。我的理想是设计出一种新的考试模型，把这些个性化因素都考虑进去，帮助孩子更好地认识自己的特性，让孩子在未来也能有更适合自己的发展。"

美国动物学家 David Starr Jordan 曾经说过这样一句话：一个人只要知道上哪儿去，全世界都会给他让路。而这句话对于黄李飞来说是再真实不过的印证了。

2021 年，黄李飞顺利从哈佛大学毕业，来到纽约大学继续他博士阶段的学习与研究。虽然他所研究的方向在整个美国乃至整个世界都没有文献或研究成果出现，但他觉得这是一个非常有研究必要的方向。"我不希望未来会有孩子因为客观因素放弃教育或者接受不适合自己的教育，"他说，"教育应该是个性化且有温度的。"

何丹婷
"双非"逆袭"985"，
挑战自我再闯留美读研路

本科阶段，何丹婷就读于安徽省一所"双非"一本院校的通信工程专业，工科背景的她理性、沉稳，拥有无比清晰的人生规划。她用自己的故事告诉我们：只有敢于跳出舒适圈，直面各种挑战，才能知道潜力的"天花板"到底有多高。

寻求变机，踏上留美读研路

与很多同学的留学规划不同，何丹婷决心先考取国内 985 高校的研究生，再申请留学，攻读第二硕士专业。"我期望冲刺一所排名比较靠前的学校，最好还能被跨专业录取，因为我的本科学校相对来说比较普通，并且留学氛围不够浓厚。"何丹婷解释说。

现如今，国内升学、就业压力在不断增加，美国研究生的申请数量也在高速增长。在美国那些顶尖名校的录取者中，海本生及 985 背景的学生仍然占据着较大比重。因此，对于何丹婷而言，如果有一个优秀的国内硕士背景加持，她可能会在留学路上有一个更好的起点。

在谈及为何会有"强烈的留学意愿"时，何丹婷表示，一成不变的生活让她备感乏味与无趣。她并不期望自己能通过留学获得直接的"利"，而是坚定地相信留学会激发她未知的潜力，并带给她更多的可能性。相反，如果不去主动找寻多样的人生道路，而是在国内一直顺风顺水地走下去，何丹婷认为那样的日子会一眼看到头，未来的人生基本可以想象——或是听父母的话进入体制内，或是同绝大部分的同学一样，按着自己的专业去选择相应的工作。

留学读研的念头在心中生根发芽后，大三时的何丹婷便明确了目标，一边搜集留学的相关资料，一边准备国内的升研考试，开始了马拉松式的筹备过程。

"宝剑锋从磨砺出，梅花香自苦寒来。"2018 年，何丹婷顺利考上了重庆大学电子与通信专业研究生。读研期间，何丹婷埋头苦干，将大量的时间和精力投入前沿学术实验，在 IEEE Xplore（美国电气和电子工程师协会学术文献数据库）平台上发表了两篇全英文国际顶级会议论文，分别在一家知名国企和一家顶尖的软件公司收获了两次优异的实习经历，为自己搭建起了坚实的人生跳板。

与此同时，她的留学筹备工作从未停歇，研一报名新东方学习托福和GRE，研二着手考试"刷分"，研三进行最后的留学冲刺……整整5年的时间，她计划清晰、节奏平稳，展现出极强的自律性。

奋力前行，跳出自己的舒适圈

纽约大学是美国著名的综合性研究型大学，也是全美办学规模最大的名校之一，拥有世界最顶尖的学术资源。何丹婷此番攻读的硕士专业是应用城市科学和信息学，隶属于纽约大学大名鼎鼎的工程学院，致力于培养应对城市问题的新型高端技术型人才。

在课程设置和专业课安排上，应用城市科学与信息学和何丹婷在国内接触了长达7年之久的电子与通信学专业，存在着较大的差异。此外，在研究生的培养方式和培养重点方面，国内高校和美国高校也有所不同，国内学校更注重学生的科研项目和论文发表等学术研究能力，而美国更关注学生的综合能力发展，例如沟通能力、小组合作能力和综合实践能力等。可见，她无疑是勇敢地跳出了自己的舒适圈，进入到了一个崭新的领域。

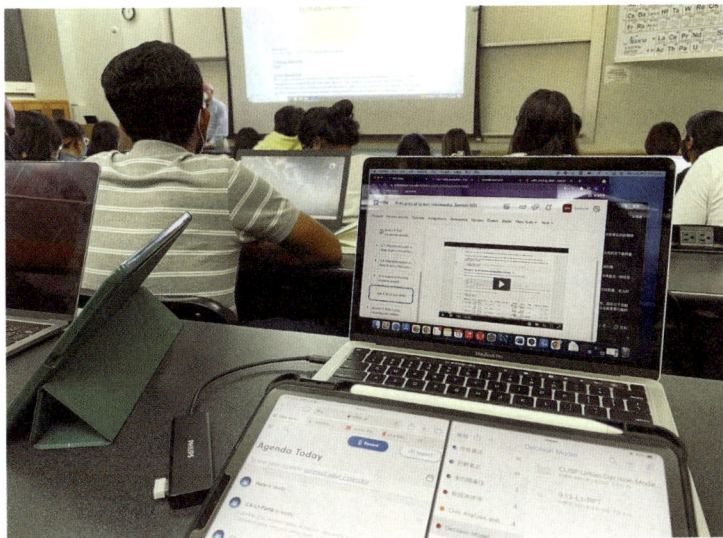

在纽约大学阶梯教室上课

何丹婷直言，留学期间最大的压力莫过于完成教授所布置的学习任务，达成"满分"课业。因为她不仅想把课后作业或者小组活动完成，还期望达到甚至超过教授心中的那条"优秀"线。但有时候，即便她认为课业已经接近完美，教授依然会表示，身为研究生的她需要做的还有很多。

跨专业留学绝非易事，迥异的语言文化、新颖的专业名词、强者如林的同学校友……都给何丹婷带来了不小的压力。课余的大部分时间，何丹婷都选择了泡在图书馆里，即便是周末，她也会待到晚上九十点钟。"因为跨专业接触到的新知识比较多，在图书馆里待得久一点，比较踏实。"何丹婷笑着说。挑战性和新鲜感正是她所追逐的，人生的乐趣就在于不停地思考，不停地试错，不停地去尝试新的事物。

劳逸结合，拥抱五彩缤纷的生活

何丹婷没有选择挤进流光溢彩的纽约城，而是住在了与纽约隔河相望的新泽西州，因为这里的租金更为"友好"。她和另外两名中国女生一同合租一个套房（2个卧室和2个卫生间），自己住在客厅，只需承担3人中最低的费用。虽然日常有些许不便，但在这里生活最棒的是，每每坐在公寓楼下的公园里，便可直接看见哈德孙河对岸的纽约天际线，将美国最繁华的景色尽收眼底，好不惬意。闲暇时间，何丹婷还会学着做菜，尝试不同种类的菜品，与三五好友约在家吃火锅、吃烧烤，烦恼与压力在这些美好面前不值一提。

美国是一个包容性极强的国家，文化生活丰富多样。为了深入欣赏别样的风景，何丹婷常常会走出自己的生活圈，背着心爱的相机，独自在纽约的街头走走停停，穿梭在博物馆和艺术馆里，感受不同的历史文化和人文情怀，开拓个人的思维和眼界。

何丹婷在新泽西公寓拍摄的纽约天际线景色

除此之外，何丹婷还加入了学校里一个全部由女同学组成的社团"Womentor"（women+mentor），旨在"girls help girls"，由高年级学姐主动去帮带低年级学妹。正是在这里，何丹婷幸运地结识了一位纽约本地的朋友，同时也是她的博士生学姐。平日里她们会频繁地相约见面，畅聊最近在学术和生活上遇到的问题。"正好她也有两个硕士学位，并且是在读的博士，作为一个过来人，她能够给予我引导和鼓励。"在异国他乡能够交到知心的朋友，何丹婷是幸运的，她的留学生活也因此增添了许多绚丽的色彩。

去奥兰多迪士尼游玩放松心情

计划明晰，将回国就业提上日程

作为一个更注重留学体验的人，和身边大部分倾向于在美国就业的同学不同，何丹婷早早地将回国列在了计划表中。她打算先在毕业前的暑假找一份实习工作，为回国工作做好充分的准备。希望可以利用自己的知识技术背景，找一份与之前通信专业完全不一样的工作。"我想以后的工作要更贴近于现在的专业。"她说。

之所以这么选择，何丹婷的出发点依然是"挖掘自身的潜能"。通过前往一个未知的、充满挑战的新领域，去战胜生活中的不平坦，来证明"我可以"。谈及对未来工作的具体规划，何丹婷透露，计划从事咨询师等和信息相关的工作岗位："因为我喜欢能够接触到各个领域、各个行业的工作，而咨询类的工作于我而言，是一种面向综合性领域的工作，不失为人生中的另一种挑战。"

何丹婷评价自己是一个有很强目的性和计划性的人，习惯并且乐于做出不同阶段的规划。但也正是这次留学的机会，让她深刻地体会到，哪怕拥有了一份看似完美的计划，节奏也总会有被打乱的时候。生活中不可避免地会遇到这样或那样的问题，阶段性的计划时常会发生改变，可这未必是件坏事，它不仅不会影响到最终的长远目标，还会让人迅速地掌握新的能力，快速地学会如何应对突发状况。

何丹婷说，曾经还在国内读研的时候，就想过今后要从事一份跟自己国内所学专业毫无关系的工作。因此，她才会为了实现目标选择跨专业学习。在这个过程中，虽然会遇到各种各样的变动与困难，但选择踏出的每一步都让未来的目标愈来愈近，这种人生经历无疑是精彩万分的。

黄子橙
两次转专业，在留美道路上不断自我修正

从本科生到研究生，黄子橙留美将近 4 年。美国的形象在他心中从模糊到清晰，也从期待变为常态。如果回到过去重新做选择的话，他依然会坚定地选择赴美留学。"美国改变了我很多，让我变得开朗、自信。虽然美国与我的预想有很大的偏差，但留学这段时间可以说是我人生最美好的一段时光之一。"

高考失利，与目标院校擦肩

2016年，江苏省的高考采取3+2分文理的模式，3即语文、数学、英语科为必考，2则是指从其余6科中选择2科进行等级划分。其中，理科必选物理，文科必选历史。各个高校根据自身学校的情况对学生选修的学科进行等级划分，一般来说，985高校要求是两个A或以上。

彼时，准备查询高考分数的黄子橙信心满满，从他几次模拟考成绩来看，虽然高考中2门选修学科的发挥不是特别稳定，但考上自己的目标院校——985高校中国地质大学（武汉）基本没有问题。然而，屏幕上显示的分数等级让他震惊：必考的3科成绩很高，超过了当年一本线，但选修学科有一门拿到了C等级。他被985、211高校"踢"出了报考队列。

得知了自己的成绩之后，黄子橙非常沮丧，家里的气氛也随着成绩出来变得紧张而沉重。家人们原先认为以黄子橙的实力，报考211高校不是难题，985高校可以"冲一冲"，但如今的分数，让他们多少有些不满意。

参加高考是黄子橙自己争取来的机会。原先家人的规划是安排他去国际高中中美班，本科出国留学。顺应家里人要求，黄子橙参加了国际高中的选拔考试。笔试、面试均已通过，但他内心还是想走大多数中国学生都会走的道路——参加高考。黄子橙父母发动亲朋好友来劝说，晓之以理，动之以情，但他岿然不动，坚持想要读普通高中，参加高考。"不参加高考的人生是不完美的人生，当时我就用这一番话说服了他们，坚持了自己的想法。"黄子橙表示，"内心也是希望能用高考成绩来证明一下自己，所以当成绩出来后，对自己的打击也很大。"

受到选修学科等级的限制，黄子橙可选择的大学并不多，挑来拣去，最终他申报了江苏大学与美国阿卡迪亚大学的合作办学项目，就读于数学与应用数学专业。

摆脱迷茫，重新树立未来方向

入读大学并没有改变黄子橙的颓废状态，理想与现实的落差令他意志消沉。除了必要的上课之外，他几乎每天都待在宿舍里，对大学校园里的新鲜事物不感兴趣，也不参与任何集体或者社交活动。这种异样的状态很快就引起了学业导师的注意。

从2010年开始，江苏大学全面推行本科生学业导师制，黄子橙所在的学院为每个班级都分配了一位学业导师。学业导师不仅负责授课，还为每个同学进行学业及未来职业的规划，帮助本科生们摆脱刚进入大学时期的迷茫状态，更会关心学生的日常生活和心情状态。

"现在回想起来，我们的学业导师真的非常负责。"黄子橙强调，"早上有课时，他经常会跑到教室门口看我们是不是迟到或翘课，还会盯着我们上晚自习[①]。偶尔，他会组织家长来学校开家长会，沟通未来职业规划和出路。当时有很多同学觉得他管得挺宽，挺烦他的，但现在看来，他真的是把我们当作自己的孩子来关心和看待。"

能从低迷状态中恢复过来，黄子橙的学业导师功不可没。自从察觉出黄子橙的持续异样之后，这位学业导师就经常找他聊天，安慰他、鼓励他，告诉他："高考并不是人生唯一的出路，你所学的专业未来还会有很多出国深造的机会，同样能体会到一个完全不同的世界。"

慢慢地，黄子橙从低落的状态中"苏醒"过来，他为自己设立了新的目标，制订了新的规划。他希望能尽快赴美读本科，然后申请世界名校研究生，以弥补高考的缺憾。

---

① 江苏大学有强制大一新生上晚自习的制度。

中美课程大不同，体验两国教育理念差异

赴美之前，他一直对能去美国留学心有期待。

大三那一年，黄子橙顺利来到合作院校——美国阿卡迪亚大学就读，凭借前两年优异的成绩还获得了这所高校提供的额度最高的留学生奖学金。

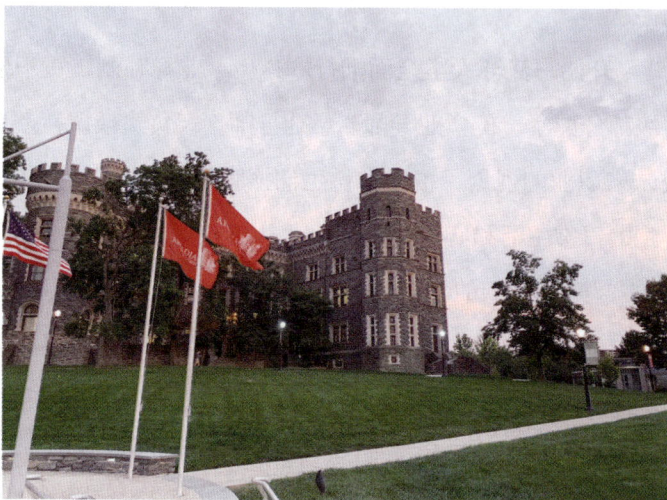

阿卡迪亚大学校园风景

美国本科的教育模式让黄子橙耳目一新。在他看来，美国的高校教育更强调互动性。比如在课堂上，教授会跟同学有很多互动，会向学生抛出很多问题，并希望与之讨论，表达观点。刚开始，黄子橙也像在国内上课时一样默不作声，但火热的课堂讨论氛围"推"着他不得不张嘴去说、去表达，久而久之，他也会主动在课堂上表达自己的观点，不管是对的也好，错的也罢。

同时，美国高校对于课程的考核方式也很多样化。国内高校大部分课程都习惯采用闭卷考试来考查学生对于知识点的掌握程度，而在美国，高校会采取论文、演讲、小组作业等多种形式对学生的学术能力以及团队协作能力进行考核。这种形式也"迫使"学生们花更多的时间和精力去学习、去沟通，让他们在学习上更加主动。

在美国学习的这几年，黄子橙感觉自己的思维更加开阔，也更加活跃。在

他看来，美国高校并不仅仅着力于教授学生"1+1=？"，更强调让学生去寻找解决问题的整个过程。这种教育方式鼓励学生追本溯源，去探寻事物的本质或者来源，从而能更好地进行创新、创造。

阿卡迪亚大学的课堂实景

在美留学，深度感受异国文化

阿卡迪亚大学坐落在宾夕法尼亚州格伦赛德小镇，距离该州最大的城市费城仅 25 分钟车程。虽然学校在世界大学排名中不是很突出，但其在美国国际教育体系里闻名遐迩。该校设有 100 多个海外学习项目，合作高校遍布全球 16 个国家。很多美国本土学生会通过阿卡迪亚大学前往别国高校学习，体验不同的教育理念与文化，相应地，每年也会有来自世界各地的学生来阿卡迪亚大学求学，校园里的国际气氛非常浓郁。

"在美国读本科的这两年里，我发现我在性格上有了很大的改变，变得更加开朗乐观了。"黄子橙表示，"原本我是个比较内向的人，但是来到这里之后，同学们的热情给了我很大的感染和鼓励，我越来越爱说话，个人能力也有了很大的提升，也能从容地应对生活或者学习上的各种难题，有了独当一面的能力。"

学习之余，黄子橙多次参与大费城樱花节、费城亚美电影节等志愿者活动，他也曾在费城 Live 做过志愿实习记者，参与报道了唐人街美食活动和在美华人的生活。但令他印象最为深刻的，还是他在校期间参与的 I-PALS（阿卡迪亚国际同行协会联盟）项目。作为当时唯一的亚裔学生，他为来自各个国家及地区的新生，尤其是来自亚洲的学生提供帮助，让他们能够尽快适应新生活。

与 I-PALS 项目中的部分学生合影（右一为黄子橙）

"I-PALS 这个项目对于我来说可能是最有意义的一个项目吧。"黄子橙表示，"我自己就是个留学生，我特别能体会作为留学生第一年来美国时的那种感受，不论是情感上还是生活上，方方面面都带着不确定性、不安全感。当他们有困难的时候能够帮助他们解决问题，我觉得非常开心。"

继续深造，名校梦终圆

2020 年，黄子橙顺利地从阿卡迪亚大学毕业，成功申请到了世界名校约翰斯·霍普金斯大学的研究生。

研究生的学习与本科阶段有着天壤之别，不仅在难度上有了"质的飞跃"，教授的授课内容也更加宽泛。"比如教授会在课上讲一个方向，但布置的作业会直接要求我们通过某个软件做模型、做研究。然而那些软件所涉及的更详细的理论知识都不会在课上解释，只能我们自己去琢磨。"黄子橙说，"即使向老师请教也不会得到太多帮助，更多地还是要靠自己。"

相较于本科来说，研究生的学习生活节奏更加紧凑，黄子橙几乎每天都在"啃"书或者做经济模型。从数学转至精算，再转到应用经济学，经历了多轮转专业的他似乎已经习惯了不断自学不了解的知识和理论。

自小，黄子橙就对数字比较敏感，数学成绩一直很优异。本科期间，他对经济产生了强烈的兴趣，每天都会关注财经新闻，了解专家对于经济形势和金融方面的评估和见解。他也会用自己的小金库去做一些理财或投资。"当时我就确定了自己以后要往经济或者金融这个方向发展。"

应用数学虽然属于比较基础的专业，但依然很难"一步"转至商科。在美国读本科期间，黄子橙申请转专业到精算学。精算是一门运用概率数学理论和多种金融工具对经济活动进行分析预测的学问，在保险、投资、金融监管、社会保障以及其他与风险管理等相关领域发挥着重要作用。对于黄子橙来说，精算专业会涉及一些经济方面的课程，同时也会涵盖数学方面的内容。

到了申请硕士阶段，黄子橙的目光聚焦于经济专业和金融专业，最终成功收到了约翰斯·霍普金斯大学的应用经济学 offer，不仅圆了自己的名校梦，也正式踏上了自己想要走的道路。

怀揣理想，未来可期

留美 4 年，美国让他的眼界更加开阔，让他领略到了世界顶尖发达国家的样子，也学到了先进的理论知识。

在假期，他会和朋友们一起旅行，他几乎走遍了费城附近所有的城市和景点，了解了当地的风俗习惯和人文历史故事。他曾在前往芝加哥的旅途中路过底特律——一个已经破产衰败的城市，芝加哥的繁华和底特律的苍凉形成了鲜明的对比。"我去的时候底特律街道上空空荡荡，几乎没人，唯一遇到的一个黑人小哥跟我说了句'Good Luck（祝你好运）'就离开了。"黄子橙说。

除了黄子橙和他的朋友们，底特律街道上空无一人

底特律的文艺复兴中心（即通用汽车总部大楼）由五座大楼构成，从高耸的楼群、内里繁华的装饰中还是能一窥这座汽车之城曾经的繁荣的，但出了这座大楼，底特律的辉煌就已不复存在。贫富之间差异大，这种直观感受让黄子橙久久不能忘怀，在这个接近荒芜的城市中，他深刻体会到了经济的发展与人民的生活息息相关，国家经济的良好发展能为人民带来幸福的生活。也因此，他计划未来回国工作，与家人团聚。"我很看好中国的经济发展态势，我相信自己一定能在经济领域为祖国的发展贡献力量。"黄子橙肯定地表示。

做自己想做的事，在自己擅长的领域发光发热，相信他的未来一定大有可为。

秦骞芊

适合自己最重要，在美文理学院开出更灿烂的花

"优秀的人往往意识不到自己有多么优秀。"这句话用在秦骞芊身上再合适不过了。虽然与传统意义上的优等生形象大为不同，但她以鲜明的个性、活跃的思维、善于思考的习惯再次向我们证明，"优秀"没有统一的定义和标准，走适合自己的道路，做最真实的自己，每个人都有可能在人生的舞台上闪闪发光。

一次游学，打开了"新世界"的大门

作为一位"非典型"的中国学生，中学时期的秦骞芊总是会显得有点格格不入。她时常感觉，校园里的生活有些许枯燥和乏味。初高中时，秦骞芊最喜欢的就是整日天马行空地想一些有的没的，而不是埋头苦学到"两耳不闻窗外事"，自然而然她的学习成绩也总是不太理想。"我妈每次开完家长会都非常需要一粒速效救心丸。"秦骞芊自嘲道。

一直以来，比起安安稳稳地待在教室里学习和做题，秦骞芊对辩论、演讲和朗诵更加感兴趣。她认为参加这类比赛是非常有意思的事情，因为在比赛的过程中，不仅可以了解更多领域的知识，培养自身的抗压能力和应变能力，还能够结交到许多志同道合的朋友。与小组伙伴们彻夜挑灯查资料，你一言我一语，一起头脑风暴……这些并肩战斗的经历令人难忘。中学期间，秦骞芊荣获了"模拟联合国的优秀辩手"称号，还曾多次斩获校园演讲比赛的各个奖项。

原本想着就这样顺其自然地在国内升学，研究生时再选择出国看看。而高一暑假学校组织的一次游学项目，让秦骞芊萌生了尽早出国留学的想法。在那一年的暑期游学中，她在爱尔兰和英格兰度过了一段非常美好的时光，异国他乡别样的风景建筑、独特的历史文化、慢悠悠的生活节奏深深地刻印在了她的脑海中。

更幸运的是，秦骞芊还交到了一个来自沙特阿拉伯的女性朋友。即便当时英语水平不够，彼此间还存在着口音障碍，但并不妨碍两位姑娘亲密交谈，而这份友谊也一直持续到了现在。游学结束前，得益于和老师大胆的沟通交流，以及在游学实践中突出的表现，秦骞芊获得了爱尔兰校长的赞扬和亲自接见。

没有退路，端正心态"冲"就行了

回到国内，在与家人进行了深度的讨论之后，秦骞芊便毅然决然地选择将重心放在了留学备考上。综合考虑后，她把美国作为留学目的国。

高二才开始筹备留学申请，她比其他早规划、早准备的同学晚了许多，在准备托福和SAT考试的过程中，秦骞芊不免听到了质疑的声音，也曾想过放弃。"但我没有退路，所以一定要考出好成绩，我必须为了目标非常努力地学习。"秦骞芊说。最终当9张offer纷纷砸向她的时候，一切便尽在不言中。

在谈及短时间内备考和复习的秘诀时，秦骞芊坦言："心态最为重要。"越是关键的时期，越不要制订太过密集的计划，能做多少做多少，要量力而行；抓住会做的题型，放弃难题怪题，要有舍有得。"再者，要有不服输的心态。"不论别人怎么看、怎么说，都要相信自己，朝着目标努力就好。

秦骞芊热爱阅读和写作，在冲刺出分的空闲时间里，她还会用撰写文章的方式来排解学习上的压力。与此同时，她还与朋友成立了关注校园暴力和青少年心理的社团，参与了"阿拉善治沙"网络助农活动……这些丰富的课外活动既缓解了学业压力，又在一定程度上丰富了实践背景，可谓一举两得。

遵从内心，做自己最擅长的事

在大学的选择上，秦骞芊与大部分同学的做法也不尽相同，她放弃了对名校和学校排名的执念，而是将"适合自己的才是最好的"作为择校理念和标准。善于表现、乐于沟通……这些鲜明的个人特点，都表明她更加适合美国的文理学院。"无论是大学还是文理学院，只要是自己喜欢的专业和学校，学习起来也会更加有动力。"

美国文理学院的学生总数不太多，且教授基本上都是全职从事教学工作的，因此老师们能够将更多的时间分给每一个学生，与学生共同探讨专业性问题，为学生答疑解惑。此外，文理学院没有设置太过明显的专业界限，学生在入学时可以先选择某一专业领域进行学习探索，而后如果发现更适合自己的专业还可以再做调整。

结合自身经历和兴趣爱好，秦骞芊最终选择了就读富兰克林与马歇尔学院。富兰克林与马歇尔学院位于美国东北部宾夕法尼亚州的兰开斯特，建校200余年，历史悠久，是在美国成立的第25个高等教育机构，数次被评为全美教授亲近度最高的大学。

大一期间，秦骞芊便如入学前设想的一样，将课后大部分的时间都"耗"在了教授的办公室里，针对学科问题不断地发问与探讨。此外，得益于文理学院更加人性化的专业选择政策，秦骞芊在最开始入学时选择的是女性研究专业，在选修并深入学习了国际关系专业的课程后，她意识到自己更喜欢和关注国际关系类的课程，因此有计划地在后续学习中转为国际关系方向。

平衡生活，充实自我

无论是选择女性研究专业，还是国际关系专业，秦骞芊的课业压力都很大，写论文和考试成了家常便饭。虽然更乐于在自己的房间里学习，享受独处与宁静，但秦骞芊也时常会选择待在图书馆里。图书馆有精美的建筑风格、柔软的沙发、窗外美丽的风景……即使课业繁多，在这里，秦骞芊也会感受到片刻的放松。

富兰克林与马歇尔学院的校园风景优美，每当课程结束，吃完晚饭后，秦骞芊还会和朋友一同漫步校园，看傍晚天空中热烈的晚霞与厚重古老的教学楼交相辉映，"这种感觉令人心旷神怡"。

课外，基于对音乐的喜爱，秦骞芊与好友一同组建了摇滚乐队，并担任主唱。他们还在学校礼堂里举办了第一场演唱会，虽然当时受疫情影响较大，但却座无虚席，收获了中外同学的一致好评。她还报名参加了学校管乐队，尝试古典音乐，可谓是兴趣广泛，校园生活充实。

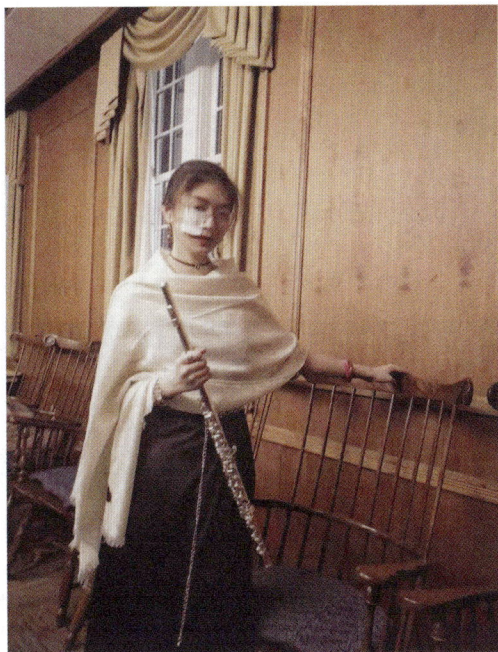

秦骞芊和她的长笛

如今，已然成为一名留学生前辈的秦骞芊认为，在为留学复习备考时，一定不要给自己施加太大的压力，要学会自我梳理和排解负面情绪。"分数并不能代表全部，不要只顾出分而闷头学习，背景经历的提升也非常重要。通过我的申请经历，我发现校方更看重综合素质，而不只是看一纸成绩单，他们更希望招收一个形象立体丰盈的学生。"

谈及未来规划，秦骞芊表示"把握当下更重要"，要一步一步做好积累，完成每一个小任务，而后再去制订更为具体的目标计划。天资聪颖、大胆、有想法，相信这样一位拥有着青春活力和无限潜能的少女会在之后的人生道路上开出与众不同而又绚丽夺目的花。

冯峰

两次留学，在计算机与金融之间探索平衡点

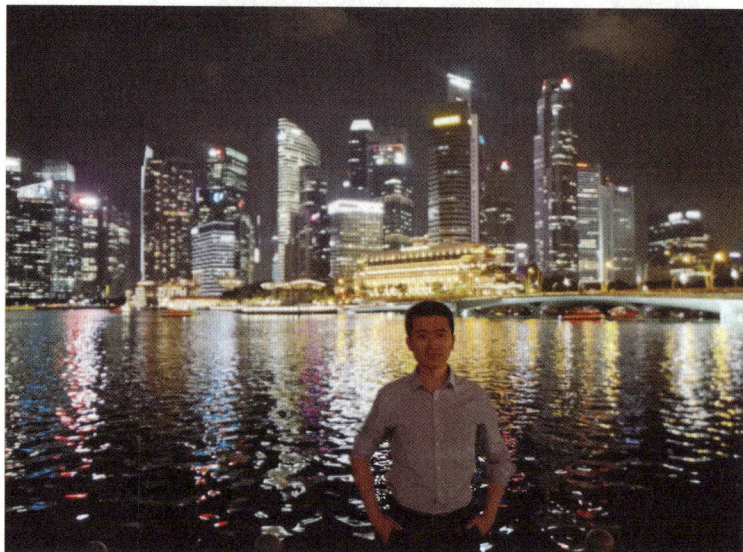

和大多数人的选择不同，17 岁时的冯峰决定不参加高考，而是通过申报新加坡的 SM2[①] 项目，高二毕业即前往新加坡就读本科预科，从此开启了留学生涯。自那以后，无论是工作还是深造，他选择的都不是大多数人眼中最为常规的道路。而他的这些经历，或许可以给正在兴趣与职业选择之间迷茫的年轻人们一些启发。

---

① 新加坡教育部奖学金计划。

在新加坡最年轻的公立大学就读

SM2 项目属于新加坡政府的一项人才交流计划，由新加坡教育部通过中国教育部面向全国进行招生，名额会从各省市分配至各学校。当时冯峰就读的中学向学生们推荐了这个项目，如果能够通过笔试及面试，将可以在新加坡的三所公立大学就读本科，其中包含南洋理工大学、新加坡国立大学，还可以获得全额奖学金。当时冯峰的学校分到每班一个申请名额，"其实我当时并不是班上最出色的，但我觉得这可能是一个机会"。

每年该项目在全国招收 300 余名学生，当时全省有 30 个名额。冯峰顺利通过笔试和面试，最终获得了这个可以拿全额奖学金在新加坡就读本科的机会。然而，他却迎来了"当头一棒"，按照项目要求，学生会被随机分配至新加坡的三所公立大学之一，冯峰最终被分配到了当时仅在招收第二届本科生的新加坡科技设计大学（Singapore University of Technology and Design，简称 SUTD）。由于该校过于年轻，至今在世界大学各大综合排名的前列都看不到它的身影。

这不免让他有些失望，但是回想自己选择参与项目的初衷即想出来看看，加上全额奖学金，以及新加坡作为亚太地区的重要科技和金融中心也有着很多非常好的工作机会……他决定接受"命运的安排"。SUTD 是新加坡政府出资建立的第四所公立大学，创校校长为麻省理工学院（Massachusetts Institute of Technology，简称 MIT）的工学院院长，学校与 MIT 在学科建设、本科生交流、教授授课、双硕士培养、学术研究等方面有着全方位的合作，这也让冯峰对这所年轻的大学多了一些期待。

超出期待的学习体验

在 SUTD 就读的日子并没有让冯峰失望。本科期间他学习的是计算机专业，学校有着优秀的师生比，平均每位老师只对不到10位学生，这让每个学生都有向老师充分学习和讨论的机会。并且这所大学的教学理念非常超前，强调培养学生实际动手解决问题的能力，以及应对未来跨学科领域发展趋势的能力。学校将不同系的学生放在一起进行合作。"如果我只是读传统计算机工程专业的话，我可能只会接触到电子计算机相关的知识。但是在这个学校，我也接触了很多偏向软件、算法的计算机科学相关的内容，还有产品设计、工程系统甚至人文社科等，都有涉猎。"

在这里，冯峰还得到了对于一般本科生而言非常难得的科研机会。如果在一个规模较大、学生较多的高校，每位老师手下会有很多硕士和博士生，本科生通常比较难有机会真正参与到科研工作中去。但是在SUTD不一样，他遇到了和他一样来自南京的一位教授，并且跟从这位教授进行了算法优化芯片电路设计的研究。从研究已有文献、设计算法，到实验验证、论文撰写，教授全程像带博士生一样去带他。此外，在这里学生也有机会和南洋理工大学的教授一起合作科研。通过这样的研究机会，冯峰成功发表三篇期刊论文，并且其中一篇为第一作者。

很多世界500强和高新技术企业都在新加坡设有分部，这也为在当地就读的学生提供了大量在名企实习的机会。冯峰在本科期间先后在松下和德国的高科技公司——罗德与施瓦茨实习，从事IT研发的相关工作。在新加坡这所如此年轻而富有朝气的大学就读，他收获颇丰。

夕阳下的新加坡科技设计大学

转型商科，在兴趣与技能之间寻找平衡点

虽然就读的是理工科专业，但冯峰一直对于历史人文很感兴趣，大学时也学习了很多相关的知识。他感受到金融这门学科对于社会的影响非常大："金融可以助人做到很多之前不可能的事，成就很多人的财富，但也可以毁掉很多人的努力。在当时这点非常吸引我。"本科期间的实习经历也让他感受到相较于纯技术领域，他对于金融的工作更感兴趣，于是他产生了将金融作为职业发展方向的想法。

因此，本科毕业后冯峰并没有从事计算机领域的工作，并在即将毕业时婉拒了两家公司的全职工作 offer，决定转型向商科领域发展。

然而，金融领域的就业竞争非常激烈，一般本科生从大二就开始从事相关的实习，冯峰却是临近毕业才决定转换职业方向。为了弥补专业领域知识的不足，进而争取相关的工作岗位，他决定在家专心考取 CFA①，为此他失业将近半年。"当时家人并不十分理解，但还是表示支持。我说给我半年时间，如果半年内没有成功，就回到 IT 行业工作。"

冯峰认为自己很幸运，半年后他考下了 CFA 一级，这也使他得到了大华银行的工作机会，在投资风险部门从事市场数据与定价分析的工作。这一工作同时需要金融和数理两方面的知识基础，这正是本科学习计算机专业的他所擅长的。

此后，冯峰也坚持边工作边继续完成 CFA 的考试。很多人在准备这项考试时会采用速成的方法，但是对他而言，完成这项考试的一个重要目的是学习相关知识。每年的考试他都会提前 8 个月开始准备，把全套的教材至少过上 4 遍，同时规划好每个月、每个星期要完成的任务，利用下班和周末的时间，坚持按计划完成。即使加班回家晚了，也坚持完成。而现在，他已经成为 CFA

---

① 特许金融分析师（Chartered Financial Analyst，CFA）共分为三个等级，每年每人只能报考一个等级。只有通过全部 3 个级别的考试，且有 3 年金融从业经历者才能最终获得资格证书。

持证人中的一员，并将继续努力，不断进步。

即使工作、学习强度很大，他也会劳逸结合，每天抽出半个小时学习钢琴。小时候他就断断续续地学过钢琴，但是因为学业而慢慢放下了。他一直都很喜欢这门艺术，工作以后赚了钱又可以自己安排时间，他就跟着一位乌克兰的钢琴教授学习，进步很快。培养一些小爱好，反而提高了他的学习效率。

在新加坡期间参与小型演奏会表演

在大华银行的日子

在大华银行工作3年多来，冯峰不仅在工作上获得了提升，也在多元文化的工作环境中逐渐成长。

工作1年多，他就晋升至初级管理岗，打破了当时部门的升职记录。谈及获得晋升的原因，他总结为两点：一是认真负责的工作态度，这一点对于任何一份工作都适用。工作不是朝九晚五，但要把自己的任务认真负责到底，尤其是对于大家合作的项目，不能仅局限于自己的职位范围内。二是只有态度也是不够的，要有实际的产出。冯峰参加工作时在金融领域是零经验，他在实际工作中不断学习。他的学习范围不会局限于自己的业务，还会包括与周围同事有关的业务内容。当他学得越多，领导就越会把一些重要的工作交给他，他的责任也就越来越重。久而久之，大家发现他在某些领域已经有了不可替代的价值，慢慢也就胜任了更高的岗位。

新加坡大华银行总部窗外的风景

在这里工作的日子里，冯峰也有机会和来自世界各国的团队打交道，这让他具备了与不同文化背景的同事进行合作的技巧。在一次和法国供应商的合作中，冯峰发现了对方在项目细节中的一些问题，但是在对方看来，这种程度的"不完美"也在可以接受的范围内，因此对方并不愿意进行改进。由于冯峰平时在工作之余会像朋友一样与他们相处，于是他特意找到其中关系最好的一人，邀请他到公司楼下风景宜人的新加坡河旁喝咖啡，进行进一步的沟通。在咖啡因和美景的双重作用下，对方欣然接受了他的改进建议。

二次留学，继续深造

本科时冯峰就有毕业后继续读研的计划。但是对于转换职业方向的他来说，一个好学校的金融学硕士和一个好的金融领域的职位，两者之间好似存在着"鸡生蛋还是蛋生鸡"的矛盾。由于本科学的是计算机专业，他必须积累更多的金融从业经历，才有可能申请到一个好的学校。

为此，已在新加坡学习和生活近8年的他，放弃了大华银行已近在眼前的职级晋升机会，选择了回国。一方面想陪伴一下家人，另一方面，为了能够成功申请名校的金融工程专业，他希望在国内积累一些不同类型的岗位经历，尤其是在量化金融领域，以此来提高申请竞争力。金融工程专业对于数学、计算机、金融三个学科的知识和技能要求都非常高，所以他认为这个时候可以适当暂停一下职业生涯，专心去充电提升。

关于二次留学的目的国，由于确定了目标专业，他没有考虑过美国以外的国家，因为在这一领域美国毋庸置疑首屈一指。2020年疫情期间回国隔离后，他先后在两家券商从事量化金融方面的实践，同步准备留学申请。本已获得了纽约大学2020年入学资格，但是由于当时美国国门没有开放，而他不甘心只是在国内上网课，于是他选择来年继续申请。2021年的大年初一，他收到了康奈尔大学的录取通知书，8月正式赴美就读。

疫情下的美国大学校园

冯峰入学时，美国的国门刚刚开放，来自世界各地的留学生涌入，导致校园里短时间内病例激增。康奈尔大学有着完善的校园病例统计，学校每天都会公布病例数据，开学约一个月后，新增病例数开始下降。

根据学校的统计数据，大部分的病例都是因参加私下聚会而感染，真正由于上课导致感染的非常少。并且学生们都已注射疫苗，即使有不幸中招的也都是轻症或无症状感染，因此学校完全恢复了以往的线下授课模式，但是会严格要求学生在课堂上佩戴口罩。即使这样，冯峰也非常注意洗手和消毒。

和新加坡本科时期相比，在康奈尔大学就读，冯峰明显感觉授课老师中"大佬"级别的人物更多些，即使是平时的一门金融课或统计课，授课老师中都不乏学术界的权威、业界高层人士或权威期刊主编这样的人物。

而对于金融工程专业的学习，他认为基础知识一定要扎实。该专业涵盖三大学科领域，金融市场是大背景，需要了解内部的金融产品、交易机制、定价模型、基本面原理；量化分析需要通过海量的数据来发现其中的价值规律，这就需要数学模型的优化；而在处理这些海量数据的过程中，想要提高效率又需要编程和算法的帮助。这是一门三个学科领域环环相扣的专业，因此在各领域学得越多越好。此外，实践也至关重要，因为专业下有很多分支，未来更希望在哪个分支领域发展，这需要通过实践才能判定。而实习正是一种非常低成本的试错方式；同时，实习有助于积累行业经验，为正式工作打下基础。2022年暑期，冯峰即将在纽约的一家资产管理公司实习，从事全球市场的量化和宏观投资分析工作，他希望在新的工作岗位上能够学以致用，有所建树。

他计划毕业后先在国外工作一两年，之后回国发展。目前他学习的量化金融领域在国外较为先进，他想多积累一些实践经验再回国，他相信到那时，快速上升的中国会为他提供更多的发展机会。

冯峰在康奈尔大学校园

赵小雪

15岁独自赴美，
在北野山中学寻找到更适合自己的教育

为了寻找更适合自己的学习模式，2019年，15岁的赵小雪只身前往美国，开启了寄宿美高的生活。经历了近3年的磨合，小雪变得更加独立、成熟，那双曾经稚嫩的翅膀逐渐变得丰满、有力。

转战美高，探寻更适合自己的教育

一开始，小雪也没有想过要在高中阶段就出国读书。彼时，小雪所在的中学在当地公立学校中是数一数二的存在，她的成绩也一直排在前列，她是老师眼中的好学生、同学心目中的好班长。

此前，她与家里人达成的共识是本科阶段再出国念书。然而，进入初中之后，小雪明显感到不适应。"比如我非常喜欢主持和辩论，想要去参与一些活动时，老师就会劝说，让我去学习，表示考试成绩才是最重要的。"小雪表示，"我知道老师这么做也是为我好，但我并不想因为考试而放弃我自己的一些兴趣，我也不希望初中三年的学习只是为了考试，我想去看看这个世界到底是什么样的，想认识更多的人。"

2018 年的暑假，即将升入初二的小雪跟父母提出，想要在高中阶段就前往美国学习。听到这个消息的父母并没有感到特别惊讶，他们原本就有送小雪出国读书的计划，而小雪的请求只是将留学计划提前了。

考虑到小雪的年龄尚幼，此时离家，父母终归有些不太放心。为此，小雪与父母进行了一次深度的讨论。时至今日，小雪妈妈仍然记得，小雪思路分明、条理清晰地跟她讲述为何想去美国读高中、自己对于国内升学体制的理解以及自己对未来规划的看法。这一番话语证明了想去美国读高中并不是小雪一时的突发奇想，而是经过了深思熟虑之后提出的想法。

小雪妈妈很欣慰，也很开心女儿有独立的思考和独到的见解。虽然让女儿独自去美国学习还有很多生活方面的问题需要考虑，但小雪妈妈相信女儿有能力自己去克服这些困难。"从小到大，只要跟孩子有关的事情，我和小雪爸爸都会征求她的意见。虽然孩子很小，但是我们一直都把她当成一个独立的个体去对待，我们是平等的关系，所以当小雪跟我们表示想要早一点去看外面的世界时，我们所能做的就是尽可能地支持她的想法和决定。"小雪妈妈表示。

赴美访校，在申请准备中不断争取机会

由于转战美高的决定比较仓促，小雪还需要做很多准备，除了利用课余的时间进行托福、SSAT（Secondary School Admission Test，美国中学入学考试）等标化考试的学习备考，选校也是美国高中申请中非常重要的一个环节。

与申请本科或者研究生不同，美国高中对于申请者的考查因素非常全面，除了常规考查学生的成绩、背景、个人综合素质等，对于学生的性格是否匹配、学习能力是否能适应以及求学意向是否强烈等都有所考量，毕竟每个招生官都希望自己所发的每一封 offer 是"双向奔赴"的。因此，访校对于申请人及学校来说都是一个双向选择的过程。

初二的寒假，小雪和家人来到美国，对 12 所高中进行了实地走访。正如不同的历史沿革造成了中国南北方之间的文化差异一样，不同文化积淀下的美国东西部同样形成了气质各异的学校和风格迥然的教育文化。美国东部的学校大多保留了从欧洲带来的悠久传统，有着庄重、自律而又灵活的教育模式；西部的学校则大多延续着拓荒、创新的自由主义精神，教育风格更具实用性。

走访的过程非常顺利，在每一个校园导游的指引下，小雪对 12 所学校的校园氛围有了比较直观的感受，对于各个学校的教育模式以及偏爱的学生性格也都有了初步了解。其中，北野山中学是她最为心仪的。"因为我性格比较活泼，也不喜欢被管束太多，北野山中学不论是教育模式还是课外活动方面都比较开放而自由，当时就觉得这个学校特别适合我。"

北野山中学创立于 1879 年，坐落于马萨诸塞州西部的吉尔镇上，濒临康涅狄格河，景色宜人。学校采用 College Programme 的教育模式，即模仿大学课程模式，一个学年分为两个学期，每个学期学生只需要修学三门课程即可。虽然课程数量较少，但每天的课堂时间却并不短，每堂课 80 分钟的教学时间可以让老师更加深入地探讨当日所学的话题、提供更多样化的教学实践，同时也能给予每位学生更多的关注。对于学生而言，较长的课堂时间可以帮助

他们更好地消化当日所学内容，并有充足的时间与其他同学进行充分的探讨，从而得到更为深刻的理解。

冬天的北野山中学

作为美国著名私立学校之一，北野山中学对申请学生的要求比较严苛，除了要求申请学生 GPA、托福及 SSAT 成绩非常优秀之外，还要对学生此前的教学背景进行审核。对于就读公立学校的小雪来说，她并没有非常大的申请优势。

"这些比较有名的美国私立中学大多倾向录取来自国际学校的学生或者是之前有留学背景的学生，这些学生大多有丰富的活动经历和多年的全英语教育背景。"小雪表示。在走访北野山中学前，小雪已经获得了 100+ 的托福成绩以及 SSAT99% 的高分，然而即便如此，她也没能获得该中学的一个面试机会。

虽然没能获得展现自己的机会，但小雪并不气馁。回国后，她又给北野山中学写了一封自荐信，表明虽然她没有特别丰富的活动经历，也没有长期沉浸在纯英语的教学环境中，但她是一个有恒心、肯坚持且勇于争取的女孩。从小到大，她一直练习跳舞，即使没有很多的展示平台，她也因为热爱而坚持着；公立学校提供的活动不多，但只要是小雪喜欢并合适的，她都愿意去争取每一个参与的机会。在那封信中，小雪表示只要给她机会，她一定能为学校做出一些不一样的贡献。

或许是被小雪强烈的求学意愿所打动，2019年5月底，北野山中学向她发来了邮件，表示愿意尽快为她安排一次面试。

终获心仪offer，奔赴梦中学校

终于争取到一次宝贵的面试机会，小雪既兴奋又紧张。兴奋是因为终于能有一次自我展示的机会；紧张则是由于时间比较紧，人肯定是去不了美国了，只能进行网络面试。

与面对面的面试不同，在网络面试中面试官会更加注重对学生在实际生活中语言运用能力的考查。为了把握住这次难得的机会，小雪做足了功课。她把网站上能搜索到的关于北野山中学面试的信息以及自己感兴趣的点一一记录下来，进行反复模拟练习，为即将到来的正式面试做好充分的准备。

面试过程非常顺利，效果也很好。过了几天，小雪就收到了来自北野山中学的offer。"当我拿到offer的时候，就有了那种终于尘埃落定的感觉，就是那种那么久的努力终于没有白费、能去自己想去的学校了的感觉。"小雪感叹道。

美高生活初体验，学习生活并不轻松

在北野山中学的生活比小雪想象中压力更大。初来乍到，生活上的问题琐碎，学业上的压力更是她始料未及的。

北野山中学非常重视学生的平时成绩，每周一次的小考成绩会计算在学生的平均分权重当中，这也让学生在日常的学习考试中不能出现重大的失误，不然会对最终的课业成绩造成一定的影响。"虽然国内的中学老师也经常跟我们

强调平时成绩很重要，但只要最后的成绩没有什么大问题，平时的学习压力就会小一点，不像现在，感觉几乎每天都没有什么喘息的机会。"小雪说。

小雪作为学生代表在北野山中学校庆上发言

期末考试周更是压力倍增，网上关于"美国高中学生每天喝 4 杯咖啡，4 点起床，拿 4.0 成绩"的传言在这里得到了真实的印证。每到期末考试周，小雪学校食堂里的咖啡和咖啡杯子都不够用。"要是去得晚一点，基本上就没有咖啡了，只能等新的做出来，那通常需要较长的时间。"

在与小雪联系的前两周，她刚刚结束 11 年级第一学期的期末考试，对于期末考试周的情景记忆犹新。"尤其是现在 11 年级，大家都想着拼一拼，所以基本都是这样的一个状态。"小雪解释道。

为什么 11 年级这么重要呢？

面对这个疑问，小雪表示，美国大学在处理本科申请时会重点看学生 11 年级的成绩。经过了 9 年级和 10 年级的磨合，基本上大多数学生已经确定了自己的兴趣和方向，因此 11 年级是能够重点体现学生兴趣和个人学习能力的一年，大学也会对学生 11 年级的成绩分外重视。同时，11 年级也是距离申请大学最近的一年，如果学生进行本科部分专业的申请的话，12 年级很多课程的成绩还没出来，而这时 11 年级的成绩就会成为重要的参考。

疫情下的留学生活

2020 年，新冠肺炎疫情全球蔓延，小雪的学校也不可避免地受到了影响。为了尽量减少新冠肺炎疫情对学生们课业的困扰，学校采取"线上＋线下"并行的授课模式，并将原先的每学年两个学期改为三个学期，每个学期修两门课，课堂时间也从 80 分钟延长至 90 分钟。然而，在小雪看来，每学期门数减少、课堂学习时间有所延长等教学模式的调整并没有让学习质量如疫情前一样。学生上课均被要求佩戴口罩，彼此之间的交流也较疫情前更加慎重。"不过最近随着我们这里疫情局势向好，学校又将教学模式调整回去了。"小雪开心地说。

在疫情期间，为了保证学生健康，学校制定了严格且严谨的管理规定，但同时也尽力维持学生的校园生活和活动体验。在疫情暴发之初，学校要求学生上课必须戴口罩，限制访客，假期时为不能够回国的国际学生开放宿舍但要求他们不能离开学校以降低感染风险等，这些措施一直沿用至今，让学生及家长增添了一份安全感。

疫情下北野山中学的课堂现状

在校园生活和学生社团方面，校方也在尽力维持和保证。每一年，小雪参与的学校舞蹈团都会在校园内进行数次的公开演出。2022 年也不例外，4 月，小雪作为重要角色之一，参与了学校舞蹈剧汇演，在舞台上她尽情绽放着自己独有的风采。虽然应学校的要求，所有人包括演员和观众都要佩戴口罩，但演出的成功令大家都很激动、兴奋，而这些丰富的活动体验也让小雪的校园生活愈加明媚多姿。

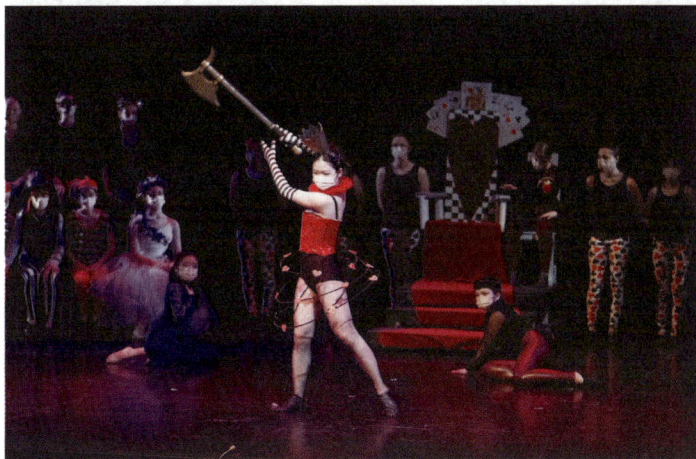

舞蹈剧根据《爱丽丝梦游仙境》改编，小雪在其中饰演红桃皇后

享受当下，未来可期

谈到未来的规划，小雪目前并没有一个非常明确的目标院校。"今年（2022年）暑假我会比较集中地对各个高校的背景和专业进行研究，现在我还是会着重提升自己的学业成绩。不过我比较倾向选择个大一点的、文理都比较强的院校，我对化学和宗教都很感兴趣，还没有想好未来是选择理科专业还是人文社科类的专业。"

经历了两年多的美高学习生活，小雪感觉自己更加独立、坚韧，在人际交往方面也更懂得如何与他人相处。她结交了很多性格合拍的朋友。虽然毕业后大家可能会因为不同的志向而去往不同的大学深造，在不同的领域发光发亮，但在小雪看来，高中阶段大家一起努力进步、快乐相处的点点滴滴将一直留存在她的记忆中，成为一段深刻而美好的回忆。"虽然我们在未来会分别，我们之间的情谊也可能会因为距离和时间慢慢变得淡薄，但我们彼此都希望自己的朋友将来会越来越好，希望大家都活成自己想要的样子。哪怕那个时候他们身边的朋友不是我，我都会很开心！"在谈到未来时，小雪洒脱地说。

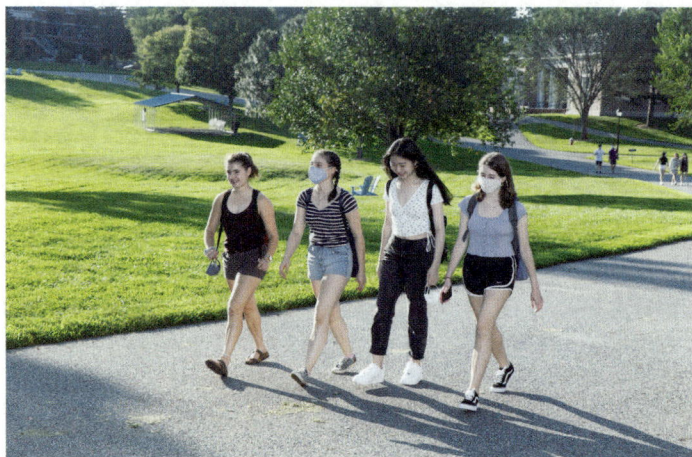

小雪（右二）和朋友们一起在校园里结伴而行

尽情享受当下的生活，全力奔赴自己感兴趣的学科，这大概就是成长的意义所在吧。

刘姝含

"沉默"女孩求学加拿大，以勇气与坚持成就梦想

尼采曾经说过，凡杀不死我的，会使我更强大。这句话用在刘姝含身上是再恰当不过的。虽然被疾病破坏了语言神经和吞咽功能，但刘姝含并没有因此而放弃自己，她在沉默中积蓄力量，以超出旁人百倍的努力，将自己活成了一道耀眼的光。

如今的刘姝含已顺利从加拿大中学毕业，并成功入学滑铁卢大学数学专业，在这个全北美数学界享誉盛名的地方继续追寻着自己的梦想。

冲破荆棘，圆梦名校

从到加拿大的那天开始，她就已经把申请就读滑铁卢大学数学系的种子深深地埋在了心里。"我'觊觎'滑铁卢大学有两年多了。"刘姝含俏皮地表示。着力于筹备申报心仪的大学，她的未来美好且清晰。

滑铁卢大学坐落于安大略省的西南地区，距多伦多市100多公里，该校拥有享誉加拿大的工程学院，数学、计算机科学和工程学科的教学及研究水平居世界前列。之所以如此钟情滑铁卢大学，除了刘姝含很喜爱数学和电脑科学的原因外，最大的原因是滑铁卢大学拥有的Co-operative Education（合作实习教育）的特色项目。顾名思义，参与该项目的学生可以在学习专业课的同时，获得前往相关公司进行实习的机会，并能获得相应的报酬。"我觉得滑铁卢大学的这种教学体系非常好，可以让学生在所修读的学科中获得学习与实习的双重机会。"刘姝含表示。

刘姝含在课上借助 AIVoice 进行公开演讲

好事多磨，刘姝含的筹备申请过程不仅有"曲"也有"折"。由于自身的特殊性，她没有办法进行常规的面试。不愿被动等待的刘姝含积极地和各个大学进行邮件沟通，功夫不负有心人，她用自己的坚持和人格魅力征服了几乎所有沟通的高校，他们结合她的现实情况，以另一种面试的方式帮助她离自己的梦想更进一步。

但这并不是她需要迈过的唯一的坎儿。

由于疫情的影响，刘姝含的高中课表排期发生变化，12 年级的英语课程（ENG4U）的开课时间在加拿大各大高校申请截止日期之后。作为加拿大大学申请时最重要的必修课之一，缺少这门课的成绩让刘姝含的申请优势不足。

眼看着身边一个又一个的同学拿到了心仪的录取结果，刘姝含却因为缺乏课程成绩而迟迟没有动静，她心中难免焦虑，连她的中学老师也替她着急。

不过，万事总有解决的办法。为了帮助包括刘姝含在内的同样缺少这门课程成绩的学生进行大学申请，老师们出了一个集寓言故事分析写作、西方古典诗歌分析及答题、限时演讲、听力考试等四项任务于一体的限时挑战，在不求助于任何老师的情况下，一次成功即可获得必修课所对应的成绩。"但如果失败了，谁也帮不了我们。"

刘姝含以破釜沉舟的决心坦然迎接这次挑战，在她的人生中，这样的挑战不是第一次，也不会是最后一次。经过充分的练习和准备，刘姝含挑战成功，很快就收到了加拿大中学为她开具的必修课程分数，为自己的申请材料取得了最后一块拼图。

千淘万漉虽辛苦，吹尽狂沙始到金。得益于平日里的学习积累，刘姝含顺利冲破重重关卡，凭借着优异的成绩和面试表现，获得了多所意向大学的offer，但最令她兴奋的，是那封带有滑铁卢大学标志的录取通知信。"我至今都记得，当我拿到 offer 的时候手都是抖的，特别激动，特别开心。也很庆幸自己有比别人更多的不一样的经历，也正是这些经历和加倍的努力，才让我与众不同，让我能有勇气跟那么多优秀的同学们比肩而立。"

刘姝含和她的手工万圣节南瓜

世界以痛吻我，我愿报之以歌

孩童时期的刘姝含与死神擦肩而过，疫苗引起的罕见高死亡率疾病，导致她的语言神经和吞咽功能受损。由于发声困难，交流不便，每当因升学转换到一个新的环境时，刘姝含都需要很长的一段时间去适应和被接纳。

千锤百炼还坚韧，任尔东西南北风。正是一次次直面困难并战胜挑战的过程，让她的内心更加明朗，在自己的人生道路上留下一路芬芳。

高二那年，家人与刘姝含商议，想要送她出国读书。在经过一番认真的思考和对海外教育模式的了解之后，刘姝含欣然接受。她确信国外的个性化教育模式更加适合自己，同时，她也期待自己的潜力能够得到最大限度的激发。

2019年，在经历了艰难的雅思备考，不断筛选可接受自己的学校，提前学习学术先修课程等重重困难，付出了无数心血之后，刘姝含成功拿到加拿大一所私立中学的 offer，就读 12 年级。

独自在外求学的刘姝含所承受的压力自然不言而喻，虽然在雅思中拿到了不错的成绩，但刚到加拿大时，刘姝含有时连基础的对话也听不大懂；课堂上，老师讲课的语速飞快，尤其是化学课，很多知识内容和专业名词还没来得及反应就"过去了"，自然而然刘姝含的考试成绩也不大理想。

但面对困难，刘姝含并没有退缩，课前一个一个地查找专业词汇并牢记发音，上课时坐第一排防止走神……到学期末的时候，她的学习成绩已稳居班级前列，并且拿到了奖学金。仅仅一年多的时间，她就已经能够适应并且喜欢上了自己的留学生活。

从学习方法到学习态度，从时间规划管理到个人性格思想，从眼界开阔到为人处世的态度，刘姝含仿佛经历了一次蜕变。在诉说往事时，她表现得很平静，仿佛是在讲述他人的故事。但从那些细枝末节中可以发现，正是因为她自身已经足够强大，面对困难时的一些负面情绪已无法再侵扰到她，如今的刘姝含像个小太阳一样温暖着周围的人，不断传递着积极向上的能量。

刘姝含摆满学习用具的书桌

异国他乡，在历练中不断成长

在海外求学的这段时间里，刘姝含变得更加成熟和独立。令她感触最深的便是课业学习方面需要他们拥有更高的自主性和更强的自学能力，而这一点在大学的学习生活中则体现得更加明显。

不同于高中时可以每天都见到老师，缠着老师问问题，大学里，更多时候只能在课上见到教授。"既有自由，也有压力。"刘姝含说。她一直在努力地追赶着。

一个人身处异国他乡，除去学习上的困难，生活上的孤独也让刘姝含感觉不是滋味。过去，遇到苦闷的事情，刘姝含或许会选择第一时间去向他人求助和倾诉，而到了加拿大之后，遇到难题后她的第一反应是如何更快地解决问题、怎样跳出困境。

刘姝含与她来自世界各地的朋友们

所谓成长，就是去接受生命中发生的任何状况，即使是不幸的、痛苦的，也要去面对它、解决它，使伤害减至最低。如今的她变得更加包容而温和，她说："我依然有着自己独特的个性和见解，但我不再像过去那样任性，有什么矛盾我会主动去找对方说清楚，心平气和地聊一聊，对他人的想法也更加尊重和包容。"曾经坚硬的棱角变得愈发柔和，刘姝含也结交到了更多的朋友，在与朋友的交往中还收获了很多令她耳目一新的观点与见解，而这些都让她受益匪浅。

出国留学让刘姝含渐渐学会了自我调节以及自我消化负面情绪。心情不好或者极度伤心的时候，她会选择静坐下来，慢慢思考，独自去消化负面情绪。"要把自己变成一束光，如夏花般绚烂，温暖自己，照亮世界。"刘姝含如是说。

滑铁卢大学数学系传统节日 Pi Day（3 月 14 日）是刘姝含在高中时期就期待已久的节日，2022 年，她终于如愿以偿地正式参与其中，她花了一两个小时的时间背下圆周率 101 位小试牛刀。虽然在高手如林的滑铁卢大学未能榜上有名，但她更深层次地感受到了数学的魅力，因此她毫不气馁，并决心明年再次挑战。"虽然我只是滑铁卢大学数学系里一颗很渺小的恒星，但是我仍然在努力地让自己发光，让我深爱的滑铁卢大学看到我。明年我将背下圆周率2000 位再来挑战！"

虽然没能在榜单上留下名字，但刘姝含仍然非常开心，新鲜事物的不断涌现也让她在滑铁卢大学的生活愈加明媚多彩。

既然选择了远方，便只顾风雨兼程

疫情之下，对于准备申请留学的学生而言，雅思、托福等考试经常延期或取消，令人烦扰不堪。但在刘姝含看来，如果已经确定了留学这条路，就不要犹豫、不要后悔，勇敢地往前冲。独自在一个陌生的国家生活或许会很孤单，但是海外学习的这段经历终会在每个留学生的生命中画下浓墨重彩的一笔。

"不要去衡量留学是否值得，因为留学过程中所收获的新见解新眼界、所结识的全世界各地的朋友、所遭遇的经历，所形成的性格及待人处事的行为和态度都是无价的，无论好坏，这些都无法用金钱来衡量。"刘姝含表示，"初到国外，可能会有各种不适，也可能会暂时没有朋友。但别着急，朋友会有的，环境也会慢慢适应的，相信自己总会遇到志同道合的人，也总会有人踏遍星河为你奔赴而来。"

2020 年 3 月起，当疫情开始在世界各地蔓延的时候，刘姝含当时所就读的高中也不可避免地受到影响。为了保证学生的健康和安全，学校应对及时，紧急封校，将线下课全部调整为线上授课。待到疫情稍有好转，学校便宣布实行"线下＋线上"并行授课的模式，学生可以自由选择自己喜欢的上课方式。

到了大学阶段，几乎所有的学生都已接种了疫苗，滑铁卢大学也基本恢复了线下授课的教学模式。随着疫情态势的不断变化，加拿大各大高校也在实时调整着政策。"不管怎样，还是希望疫情赶快过去吧。"

关于未来，刘姝含还想再修一门心理学或生物学。通过近一年的学习，她发现自己很喜欢做科研，能从研究的过程中获得内心的满足。同时她也想从专业的角度了解自己的疾病，如果有可能，她还希望能去脑神经研究所当志愿者，学习并发表相关的见解，为生物学或医学的发展贡献自己的力量。

回望这些年的留学生活，刘姝含感慨万千。因为热爱，所以总是愿意再努力一点点；因为热爱，所以总是愿意多钻研一点点；因为热爱，所以总是会拼尽全力、全力以赴地追逐自己的理想，即使失败也在所不惜。

热爱是一个人内心最深沉持久的力量，即使在历经时光考验与洗礼后，依然能够让人从中不断汲取营养，直面困难不放弃，抖擞精神再出发。正如她在采访中总结的："希望在奔赴未来的路上，我们都能有着生生不息的热爱，如星光般灿烂，如风般自由。"

二

逐梦英伦

雷蕾
工作十年后留学英国，
主持人光鲜亮丽的背后是自我的不断超越

2021 年 9 月，雷蕾从英国回国，在经历了漫长的飞行、隔离之后，她终于回到了自己家中。时隔将近 1 年，再次见到自己的孩子和丈夫，雷蕾内心百感交集。有辛酸、有感动，但更多的是感激。如果没有他们的理解与支持，她不可能义无反顾地去完成自己的心愿，去追求自己的理想。对于她来说，家庭永远都是她最坚强的后盾，让她可以奋力奔跑，一往无前。

在安稳中渴望寻求更多精彩

2018 年，雷蕾有了留学的念头。彼时的她在家乡的省级广播电视台工作，主持一档当地收视率较高的民生新闻节目。她有一个 4 岁大的儿子，家庭幸福美满。同年，她还成功考入中国传媒大学播音主持艺术学院，在职攻读硕士学位。工作、生活、学习都安排得满满当当，一切都在她的计划中平稳有序地进行着。

然而，每当结束一天的工作，走在回家的熟悉的路上；在北京上完一天的课，坐在返家的列车上；每当哄睡孩子后，起身看着窗外灯火，霓虹闪烁……总会有一个声音在她心中响起：这是自己想要的生活吗？答案不确定，因为这样的生活是她辛苦经营而得来的。

2010 年，雷蕾本科毕业，进入家乡的广播电视台工作。经历 3 年的磨炼，她踌躇满志，渴望能有更进一步的提升。

原本她是计划考研的。偶然间，她得知省级广播电视台在开展一项主持人比赛，晋级选手可以直接签约进台。不愿意放弃任何一个机会的雷蕾推迟了考研计划，主动报名参赛，经过 2 个月的角逐，最终获得了优异的成绩，顺利进入省广播电视台。

作为一名从事了 10 年的媒体工作的从业者，雷蕾见证了传统新闻媒体的辉煌与困境，也看到了数字媒体的兴起和挑战。科技变革对传统媒体的冲击是巨大的，但所带来的机遇也是无限的。随着我国对外开放程度越来越高，对外宣传工作不断推进，她突然意识到：是不是应该走出去，去探索外面的世界，吸纳更多元的文化，用开放包容的眼睛、丰富多样的语言讲述更多有趣的故事？

幼年的留学梦想生根发芽

留学的念头一旦翻腾涌起，就再也无法平息，幼时埋下的那颗留学的种子也悄然破土而出。

早年，《哈佛女孩刘亦婷》风靡全国，这本书的主角也成了当年备受家长和老师推崇的典范型人物。还是小学生的雷蕾也读过这本书，深受鼓舞。也是在那时，她知道了世界上有所厉害的大学叫哈佛，知道升学不是只有高考一条路，还可以去国外读书，去了解更加广阔的世界。但出国留学对于当时的她来说，实在是太过遥远的一件事。在那个年代，鲜少有家庭计划留学、了解申请渠道，更别提支持孩子出国了。

而今，留学不再是少数人的选择。近年来，随着国家经济的崛起，国民经济实力的不断增强，留学常态化、平民化趋势愈发显著。互联网的飞速发展也让信息变得越来越扁平化，寻找相关内容也不再像早年那么艰难。很快，雷蕾就敲定了想要前往留学的国家——英国。

英国的研究生教育素以入学标准严格、教育质量高而著称，为期一年的短学制、以就业为导向的课程设置更是吸引了众多国际学生前往。

对雷蕾而言，英国最具吸引力的还是它那古老而发达的传媒业。英国国内共有800多家广播电台、500多个电视频道，超过1500种报纸及近2000种各类杂志，同时，还拥有世界上最古老的国有广播公司——英国广播公司（BBC）。能够去传媒的发源地学习生活，是她非常向往的一件事。

从留学申请的波折中重新审视自己

留学计划已经启动，但雷蕾的工作、生活却无法立刻刹车。为了能空出留学的时间，她集中安排自己的课程，用最短的时间上完了硕士要求的所有面授课；她向领导提出申请，逐步减少自己的直播频次和工作量，最大限度地留出时间进行语言学习和传媒知识的深化、扩宽。经过一年时间的缓冲和调整，她终于赶在2020年1月底前，向自己心仪的院校提交了申请。

雷蕾在牛津大学叹息桥前

　　然而天不遂人愿。没过几天，几所以新闻类见长的院校全部以专业背景不符为由拒绝了雷蕾的申请。原来，雷蕾的本科专业是双语（汉、英）播音与主持，在英国硕士课程中没有对口专业。而谢菲尔德大学、利兹大学等以传媒类见长的高校更偏爱拥有新闻学、传播学等专业背景的学生。

　　雷蕾感到很痛苦，也很委屈。虽然她本科学的不是专业的新闻类或传播类，也没有相关的课程体现，但她有着丰富的传媒领域实践经验，没想到这些院校会因为专业背景而"卡人"。

　　这些拒信让雷蕾重新审视和认识自己。她热爱文化与艺术，也有相关领域的工作经验和见解体会。基于此，她开始寻找有相关硕士课程的高校，重新撰写了个人陈述，将自己关于人文艺术方面的经历和尝试、看法和观点融入其中，并向意向高校递交了申请。

　　申请 KCL（King's College London，伦敦国王学院）的数字人文专业是雷蕾最没有把握的一次尝试。她本科院校虽然是在国内音乐领域颇有名气的四川音乐学院，但她所就读的专业并不是该校的强势专业，也不属于"双一流"

学科。而 KCL 在国际高校中的排名非常靠前，对申请学生的背景和语言水平要求都很高，所以雷蕾感觉申请成功的希望渺茫。

在伦敦国王学院的莫恩图书馆读书

令她没想到的是，在递交申请的四个月之后，KCL 给她发来了录取邮件，这让她喜出望外。"申请学校真的是一件无法掌控的事情。"雷蕾感叹道，"语言成绩可以通过学习去达成，但选校选专业真的是不可控的。有时候，我觉得我的专业、经历和目标学校非常匹配，但人家觉得不合适，也没有办法。"

备考语言成了家庭矛盾的爆发点

录取通知到手，接下来就是语言考试了。即使到了现在，谈到备战语言考试的日子，雷蕾还是感慨万千："这可能算是我留学经历中最艰难的一段时光了。"

其实从一开始，当雷蕾冒出留学的念头时，她的先生就表示不赞同。"他当时就一直念叨我：'放着安稳的日子不过，还有孩子，在这里瞎折腾什么？'"雷蕾惟妙惟肖地模仿她先生当时的语气，自己都被逗笑了。但她也明白，丈夫反对的最大原因是对她安全上的担忧。

2020 年，新冠肺炎疫情在全球蔓延，而在这种时候，自己最亲密的爱人要跑去国外留学，第一反应肯定是劝阻。为此，夫妻二人没少争吵和冷战。但雷蕾不甘心，为了能去留学，自己已经默默筹备了很久，而且后来拿到了 offer，就差语言考试了，怎么可能因此而放弃？

然而，因为疫情雅思考试接连取消，将近半年的时间里基本无试可考。正当她发愁之际，有个好消息传来：5 月底 PTE 语言考试在中国开放报考。于是，雷蕾果断转考 PTE，准备用 PTE 成绩去留学。

PTE 是由英国培生教育集团在 2009 年推出的留学移民类英语语言能力考试，同样在全球范围获得数千所大学和院校、专业组织和政府机构的认可。与雅思不同，PTE 考试全程采取机考的形式，且全部机器自动评分，避免了人为因素带来的不公正和偏见，这也让官方成绩出来得非常迅速。

5 月底已经是英国各大高校语言班的录取学习时间了，时间越往后，就意味着雷蕾需要考出更高的成绩才能顺利入学。但突然转考给她造成了障碍，完全不同的考试板块和题库需要重新学习和适应。此外，由于疫情的影响，她所居住的省市根本没有考点，每考一次，都需要坐火车去外地。彼时，她还在工作，孩子也在上学，每一次跨省出行不仅耗时耗力耗钱，还意味着她身边的人都要承受被感染的风险。边工作边备考让她内心备受煎熬，常常是刚深入思考和适应了英语语言的交流方式时，又需要切换到中文思维和交流方式进行工作。

在重重困难之下，雷蕾第一次赴京考试，铩羽而归。当时又恰好赶上北京疫情爆发，回家不仅要进行隔离，而且第二次考试只能转战郑州。因为准备时间仓促，第二次考试成绩与 KCL 最后一期语言班的入学标准仅差 1 分！这意味着，雷蕾已经无法通过配语言班的方式入读，而是必须考到直接入读的分数。此时，她已经身心俱疲。

由于雷蕾一直将精力用在备考上，她先生不仅要承担更多家庭责任、照顾孩子，还要额外照料她的学习生活。她自己品尝着考试失败带来的内心折磨，家人也跟着承受着巨大的压力。压抑已久的家庭矛盾终于爆发，她遭到了来自老公和家人的不解、质疑甚至反对。

她自己也非常沮丧，觉得是不是真的不适合出国留学。但这样的怀疑很快被她自己打消了，她不断说服自己要冷静，就差临门一脚一定要再尝试一下。她不断安抚家人情绪，与他们沟通，希望他们能支持她放手一搏再考一次。同时，她向单位请了长假，停止了所有的工作，全心全意备考。

这一次，雷蕾从早到晚不停地背单词，磨耳朵，练嘴巴，刷题库，找经验。由于长时间使用鼠标做题，她腱鞘炎复发，必须带发热治疗腕具才能继续学习。肩膀也由于长时间保持看电脑的姿势，劳损复发，需要贴膏药缓解疼痛。

虽然过程艰辛，但结局总归美好。经过充分的准备，第三次考试雷蕾取得了 PTE 74 分（满分 90 分）的高分，而 KCL 直录分数线是 69 分，她有学上了！

当"社会人"再入象牙塔，感受留学不易

雷蕾所学的专业共有三个学期，每个学期有大约三个月的时间。

第一学期的课程，她被要求在国内上网课。她所就读的数字人文专业嫁接了数字媒体的背景，探讨和研究在数字背景下人文艺术的发展变化，所以数字化的知识成为必学的基本课程。这让从小对数学、数字、计算机就不太感兴趣的雷蕾感觉遇到了留学以来最大的瓶颈。

学习的过程是痛苦的，那些基本的计算机和编程术语，就是换作中文来学习，对于她来说都艰涩难懂，何况全部都是英文。每一次遇到不懂的地方，她就找来老公一起探讨。由于课程学习方式是上网课，和老师的沟通只能通过邮件，本来简单的一个问题，通过邮件询问就需要附上所指的图片、文献、链

接、截图等，等老师回复也至少要一两天的时间，几天后再回看问题和老师的回复，那种求知的欲望也减弱不少。

　　写结课论文是雷蕾最为头疼的事情。英国高校论文的构架方式、思维模式、格式要求和国内完全不同，而且评价标准烦琐严格，留给学生的撰文时间也非常短暂。此外，雷蕾不仅要在浩如烟海的评价标准中找到自己所需的格式要求，还要在论文中提出自己的思考和观点，并自圆其说，这对于她来讲是一种全新的尝试和体验。在采访中，她还开玩笑道："真的是应了那个梗'课上教你 1 + 1，论文却考微积分'。"

　　第二学期开始前，雷蕾告别家人来到伦敦，开始了异国生活。

　　伦敦国王学院位于英国伦敦泰晤士河畔，是英格兰第四古老的大学，交通方便，风景秀丽。然而，刚刚来到英国的雷蕾无心去感受这些。由于受到疫情影响，英国在她到来之时仍处于封锁阶段，整座城市除了超市，其他店铺都不开，这给人们的生活带来了极大的不便。

　　虽然英国硕士学制时间短，但所学习的内容却一点也不少，学期之间非常紧凑。在雷蕾还没完成第一学期论文的时候，第二学期的课程已经开始了。

雷蕾（右一）和同学们合影

第二学期的课程学习方式仍然是上网课，课程压力大，论文数量多且要求高，迫使她每天都待在宿舍学习，外出的时间并不多。同时，她在国内就读的在职硕士毕业论文的写作也被提上了日程。初到英国的每一天，她觉得自己时时刻刻都被"截止日期"所追赶，焦虑得整夜睡不着觉，紧张到无法正常呼吸。但这些情绪她又无法向家人倾诉，怕他们担心。

不得已，她开始求助学校的心理医生。她将自己所有的压力、情绪都倾诉给了心理医生，崩溃到大哭。后来，心理医生让她跟教授协调论文延期，并叮嘱她不要给自己太大压力，万事总会有解决的办法。

最后，雷蕾的延期申请通过了，当时间的紧迫感消失后，她又找回了不断拼搏努力的状态，也重拾了自信。

英国解封，深度体验异国风情

2021年7月，英国首相宣布英国逐步解封。利用空闲时间，雷蕾游遍了英国的各个角落，领略了不同的风景，体验了多彩的文化。她在苏格兰高地看天地的苍凉雄阔；在爱丁堡听城堡的风笛；在剑桥康河的柔波里诵读《再别康桥》；在泰晤士河乘船吹风，和经过的每一座桥上的陌生人挥手致意。

泛舟于剑桥大学康河

　　她认识了很多新的朋友，他们拥有不同的肤色，有着不同的背景，有着不同的价值观；她习惯了英国的文化，口头禅变为了一天说 800 次"Sorry"，也会由衷地赞美任何一个人；更会骄傲地大声说："I come from China。"……这所有的经历都在告诉她：她的能量很大！能做到更多！

　　而今，雷蕾已回到家人的怀抱，远游的小船也终于重回到温暖的港湾。或许在未来，她会迎来更大更难的挑战，但她不再畏惧未知，也不再彷徨焦虑。在经历了这一切之后，她活成了自己想要的样子，坚强、勇敢、自信，她热爱现在的自己。

张健葳
"双非"学生逆袭奔赴爱丁堡大学，
主动求变寻找适合的方向

冬季，城市里飘起漫天飞舞的雪花，让神秘的中世纪氛围愈加浓厚——这便是英国苏格兰的首府爱丁堡，很多人心中历史与浪漫的象征，也是22岁的广东男孩张健葳到达的地球最北的地方。如今的他就读于爱丁堡大学，繁忙的学习生活充实着他的内心。虽然他也曾经经历过高考失利带来的低落与迷茫，但得益于及时的心态调整和找准方向再出发，张健葳成功地为自己打开了一扇新的大门。

"大一，我很郁闷"

大一时张健葳就读的专业是材料科学与工程。

高考填报志愿的时候，张健葳和身边的同学一样，很好奇每个专业具体要学些什么，也不知道哪个是真正适合自己的专业。但即便内心迷茫，也只能先依据自己的兴趣爱好大胆地做出选择。由于高中时期比较喜欢化学，和家人商量之后，他便选报了与化学材料相关的专业。

"盲选"专业的结果就是进入大学之后，经过一段时间的学习，张健葳逐渐意识到自己的个性和所读专业不太匹配。他发现材料相关课程的学习需要耐得住寂寞，比如一个人长期待在实验室，时刻保持严谨专注，这是一种带着安静的心自我前进的学习状态。而他天生性格开朗，偏爱热闹，喜欢与人打交道，享受人与人通过沟通交换不同思想而获得成长的过程。

学业方向上的迷茫让他陷入自我怀疑："当时就在想，自己真的要坚持在这个专业上学下去吗？此前高考失利，错过理想大学，原本就在一定程度上打击了我的自信心，刚进入大学时我的心态也没有调整好，再加上所选的专业也不是非常匹配，这让我感觉有些受挫。"

但一味的消沉不是解决问题的良方，张健葳决心突破现状，寻求改变。他开始静下心来，审视自己到底适合一个什么样的方向，未来想成为一个什么样的人。因为他心里明白，如果所学专业不适合，自己在未来或许也很难坚持下去，不如及时调整，重新选择与自己兴趣和性格相匹配的专业。

在不断的自我审视后，他发现了想要去探索的新领域——商科。随着世界经济融合化发展，商科内容在不断更新，富有挑战性。同时，除了专业理论传授，强化团队协作、问题沟通等"软实力"也是课程培养的核心，这些都很吸引张健葳。他赶忙了解学校里转专业的要求，努力学习，最终以专业第一的成绩向金融学院证明了自己的能力，并顺利在大二时期转入会计学国际会计方向（ACCA）。

一堂课，种下了留学的种子

ACCA，是英国特许公认会计师公会（The Association of Chartered Certified Accountants）的简称，该组织也是当今知名的国际性会计师组织之一。ACCA认证证书含金量极高，是全球财会领域的证书之一，企业高度认可。ACCA考试课程有15门，只要在7年内通过其中13门考试即可获得认证证书。

张健葳所学的会计学专业专注于就读学生在国际财会领域的理论学习和技能实践，帮助学生掌握ACCA会计的理论、方法及实务操作技能，理解国内外财经法律法规和政策。不仅如此，学校还为就读该专业的学生提供ACCA课程的全英文授课，帮助他们在毕业之前获得ACCA认证证书，同时也能让学生们的英语水平有极大的提升，使他们未来能成为金融、经济领域的高级复合型人才。

虽然从工科转入商科跨度不小，但张健葳如鱼得水，非常适应。其中，有一门选修课令他印象深刻。这门课所讲述的内容他已经淡忘，但教授这门课程的老师，他铭记于心。

老师曾在海外留学多年，与其余的授课老师不同，她取消统一的期末考试，转而布置数次小组作业及个人文章写作，并进行评分。这种新颖的教学方式是张健葳从未经历过的。"在她的课堂上，互动氛围总是很好，她常鼓励我们要勇敢提出质疑，带着我们讨论以深入思考某个问题。她的教学方式虽然让很多习惯了标准化考试的学生有些无所适从，但我却非常适应并喜欢这种全新的模式。"活跃的学习方式充分调动了张健葳的积极性，课下他还会找老师深入聊天，探讨困惑，在老师讲述的留学经历中，他看见了一条此前从未设想的道路。

也许是老师自身的留学经历激发了他对不同教育模式的渴求，也许是他现在学习的正是国际会计方向，促使他想要去体验不同的教育模式，渴望用更大的视角去了解教育对每个个体的意义。也是在那一刻，他决定日后前往 ACCA 组织的发起地英国继续深造。

爱丁堡大学商学院所设置的相关证书课程

疫情暴发，一波三折的备考路

2020 年，正当张健葳结束了在北京的实习准备返回广州考雅思时，突如其来的疫情暴发让雅思考试接连被取消，连续好几个月里广东省内无试可考。语言考试受阻，给他的准备计划带来很大影响。

张健葳面临这样的抉择：是否要在疫情期间出国读书？疫情严峻的那段期间，"准出国学生"的家庭最关注的就是海外疫情状况。对疫情的未知、父母的担心，这些都牵绊着张健葳的心。彼时的他即将进入大四学年，如果参与国内研究生考试，他仅有半年的时间做考前准备，太过仓促；如果决定不出国、不考研，就要考虑毕业后直接就业；但同时专业资质考试以及实习等重要事宜也非常受限，这突然的变动让张健葳左右为难。

"我当时也有些不坚定了。"张健葳说，"但内心又渴望找到一个平衡点，既可以实现我的求学目标又可以打消家人的顾虑，让父母放心。现在回想起来，那段时间真的很难很纠结，心理压力很大。"然而，"不想留下遗憾"的想法不断在张健崴的脑海中回荡，他给自己打气，坚定了继续留学的想法，并把内心的真实感受告诉了父母，留学的决定最终也得到了家人的支持。"我真的很感谢他们，特别感激他们愿意支持我想做的事情。"

虽然还不知道什么时候能开放雅思考场，但张健崴不想错过每一天可以努力的时间，他和同学在广州城中村租了一间小房子，那里成了他备考雅思的学习阵地。"我们当时住的地方用广东话讲叫作'握手楼'，就是一打开窗子能和对面邻居握到手。两栋楼中间是一个小暗巷，楼层只有三四层高，采光也很差。我租住的那个楼，楼下就是菜市场，虽然生活比较方便，但每天一大早就能听到各种吆喝声，挺嘈杂的。"张健崴就是在这种氛围中为语言考试做着准备，留学目标的确定让他动力十足并全神贯注，也正因如此，他常常忘记了所处的环境，全心全意地为自己的雅思考试做准备。半年后他终于等到了一次考试机会，最终他收获了雅思7分的好成绩。

启程，前往爱丁堡大学

在留学英国的人群中，商科申请量最多，这意味着作为一名"双非"院校的学生，张健崴要和"清北复交"等国内优秀的申请者一起竞争。然而，他并没有胆怯，他相信凡事预则立，不预则废，提早做准备才更有实现目标的机会。因此，为了能增添自己的申请优势，在大学期间，他认真钻研专业知识，收获了优异的成绩；还利用寒暑假丰富实习经历，提高自己处理问题的综合能力。

同时，他也做了不少功课，查找各个高校的资料，了解意向专业教授的研究领域、论文方向，再把所获悉的与自己所学进行结合。虽然这些准备工作花费了张健崴很多精力与时间，但他通过这个过程，更好地总结与思考了更适合自己去探索的专业方向，同时也因为对学校与专业有了更深入的了解，向招生官传递了他对专业的满满诚意，展现自己与其他申请者的不同。

他向被誉为英国常春藤联盟里的 6 所世界一流大学投递了申请，最终收获了爱丁堡大学的 offer。作为一所公立研究型大学，爱丁堡大学在英国排名比较靠前，仅次于牛津大学、伦敦大学以及剑桥大学，在众多国际高校排名中，爱丁堡大学也位居前列。该校录取选拔机制非常严格，每年新生的录取比例在10%—11%，是英国大学中入学竞争最为激烈、申请难度最高的大学之一。

雪后的爱丁堡大学

会计和金融分别属于管理学和经济学两个学科门类，而张健崴所申请的会计和金融专业在爱丁堡大学里则形成了一个前沿的交叉学科，对两个专业领域中互通性的部分进行深入研究。学校所在的爱丁堡市是伦敦以外英国最大的金融中心，天然的地理优势可以实时为学生提供最新的市场动向，也能为学生参与实践提供便利。这样跨领域跨学科的结合，给张健崴打开了一个全新的视野，对未来的学习，他更期待了！

在留学中收获新的自己

2021 年 9 月，张健崴来到爱丁堡大学开始了他的研究生学业，学校为防控疫情，开启"线上 + 线下"相结合的授课模式。虽然有一些课程要留在宿舍上网课，但张健葳仍然很开心。他从来没有后悔来到英国实地学习，因为他相信在异乡的经历、遇到的人，都可以潜移默化地使自己发生变化和成长，这是他所追求的人生意义。

"来到爱丁堡之后，我和新朋友聊天，总会问问他们为什么选择留学，为什么选择爱丁堡。答案五花八门，有的医学生是因为崇拜钟南山院士而坚定选择爱丁堡；有的社会学同学是因为痴迷温斯顿·丘吉尔、约翰·罗素等政治人物而来；理工类同学是因为想追随达尔文、麦克斯韦等大师来到这里。形形色色的理由背后，我看到的是多样的、独特的个体，他们朝着自己认定的方向执着前进。"张健葳正色道。

留学期间，张健葳会利用闲暇的时间去欧洲各处旅游，领略更多的风光

在爱丁堡大学，他最直观的感受就是每个学科的考试方式大不相同，有些老师倡导通过统一考试来检验学生的知识掌握情况，有些老师则会安排写论文来了解学生的思路和想法。张健葳正在修的金融理论这门课，就是通过写论文的方式来进行考核的。为了完成一篇论文，他需要在课下阅读大量的英文文献，一边适应语言的切换，一边从海量信息中找到自己想写的方向，再经过深入思考和不断打磨，才能写出一篇令他自己满意的论文。

"在英国，我还发现了很多不一样的东西，同学们会带着批判性思维看待事情，更强调个人观点，对错不是第一位的，这和我之前的思维习惯很不一样。"张健葳表示。在课上和身边同学讨论时，他会听到很多不一样的见解，以前的张健葳会立刻产生辩驳的冲动，而现在的他更愿意去倾听同学的观点，静下来思考他们想法背后的理由，通过了解他们思维方式的闪光之处，不断完善自己的认知。渐渐地，他对多样性和包容度有了更新的理解，在与同学们交谈的过程中，张健葳感受到了悦纳自己、欣赏他人的快乐。

留学让张健葳感觉自己收获了内心的自由。从前的他更想朝着完美人设和大家都认可的标准去努力，而现在，他更享受真实的自己。"每个人都不是十全十美的，即便有不足，也应该接纳自己，而不是一直为了变得完美去和自己较劲。"

他喜欢爱丁堡，在这个愿意记住历史的城市里，大街小巷上随处可见历史名人铜像和饱有故事感的建筑。爱丁堡大学的校园里更是沉淀了浓厚的学术氛围和对知识的尊重，这些都会让他感受到生命的力量，也让他更想要珍惜当下每一天的生活。

在爱丁堡这座城市里，富有历史韵味的建筑随处可见

谈到未来，他计划回国工作。他决定继续遵从内心，选择与他自己性格和兴趣更契合的职业道路。回顾自己的求学体验，张健葳觉得很庆幸自己在处于不适合的环境时勇敢做出了改变，在困难面前也没有放弃目标，最终找到了真实的自己。

王成钰

从二本院校到英伦硕士，
坚定信念成就崭新的自己

高考失利后，从踏入本科校门的那一刻起，王成钰便深知那里并不
是她想要的舞台，她的人生也并不会因为一次小小的挫折而被定义。
6年来，凭借着自身强大的驱动力，她实现了华丽的转身。

高考失利留遗憾，却与留学结下缘

如果不是高考，王成钰可能会一直认为自己是被上天眷顾的孩子。小升初时，凭借着一些运气，王成钰擦边考上了河北师大附中初中部的重点班。即便初中 3 年并没有特别努力地学习，也顺利地升入了本校的高中部。往日的顺风顺水，让她觉得只要付出一点点，就能够得到想要的结果。

然而，高考给了王成钰当头一棒，冰冷的现实将她敲打清醒。作为一名美术生，她也曾和其他同学一样，梦想能够进入国内的知名美院学习。2013 年考试成绩出来后，她只能选择就读于一所普通二本院校的环境艺术设计专业。"现在回想起来，那时候并没有意识到学习的重要性。"王成钰的话语中透露着丝丝悔意。

自从迈进校门的那一刹那，她便深知这绝不是她想要的学校，更给不了她想要的未来。也是从那一刻起，王成钰萌生了将来留学读研的想法，她说："目标很明确，就是以后一定要去世界名校留学读研。"

坚定梦想，托举未来

凡事预则立，不预则废。大学一年级，王成钰便开始着手准备留学事宜，打起了"持久战"。在很多同学都认为可以"轻松了"的时候，王成钰依然保持着自己的学习状态，以面对高考的态度，认真对待每一门专业课考试，需要记忆的知识点就一定要做到努力背、反复背、日日背。在校的每一年，学校评选的奖学金她几乎一次不落地收入囊中。

大学的第一个暑假，王成钰开始自学本专业大三课程才会涉及的 PS、CAD、3D 等一系列设计软件。大二时，她顺利加入了校级学生会和院级学生会的宣传部，负责学校的各类宣传工作，并积极跟随老师参加专业比赛。她的室内设计作品《竹言境语》荣获了天津市第六届青年大学生艺术节优秀奖，圆珠笔绘画作品《蓝色妖姬》入编《中国当代大学生艺术作品年鉴》。

梦想和信念的力量是无可比拟的。在一个大雪纷飞的冬日，王成钰同往常一样从宿舍出门，准备前往自习室做最后的雅思备考冲刺。匆忙赶路的她没有注意脚下光滑无比的地面，一个没留神，重重地从楼梯上摔了下去。虽然当时感到不适，但她"粗心"地认为只是摔倒了，过会儿疼痛就会消失，坚持在自习室里静坐学习了一整天。然而到了夜晚，剧烈的疼痛迫使她去医院做了检查，结果出来后，王成钰也愣了——尾骨骨折。

得知这一消息，她的第一反应不是询问医生需要注意什么，如何才能康复，而是满心想着："骨折了，那我是不是就不能坐着学习了？"

从那以后，在宿舍的床上趴着学英语成了她的日常。尾骨骨折的疼痛感非常剧烈，而且恢复的时间可能长达数月之久。每一天，王成钰都要强忍着疼痛和长时间单一姿势造成的不适感坚持学习，就这么硬撑着，撑到两个多月后的雅思考试。虽然最终的成绩是令人欣喜的，但是由于长时间保持一个姿势学习，王成钰也从此落下了难缠的颈椎病病根。

"世上无难事，只要肯登攀。"一切优异成绩的背后，都是滴水穿石的付出。经过了大学四年的不懈努力，2017 年，王成钰最终收获了南安普顿大学、利兹大学、诺丁汉特伦特大学等多所高校的 offer。

破格录取，逆袭名校

通过对院校的综合对比，思维活跃、热爱创新的王成钰最终选择就读于南安普顿大学的时尚管理专业。

南安普顿大学位于英国英格兰汉普郡南安普顿，它的历史可以追溯至1862 年，是英国久负盛名的顶尖学府，英国常春藤联盟罗素集团成员之一，在 2022 年 QS 世界大学排名中位列第 77 位。时尚管理专业隶属于温彻斯特艺术学院，在 1996 年加入南安普顿大学之前，该校一直是以一所独立的院校存在，在英国艺术教育史上亦占有重要地位。

对于王成钰而言，生命不息，挑战不止。虽然时尚管理专业是自己的理想专业，但更清晰地了解到学科设置后，结合自身的兴趣爱好，王成钰开始尝试申请将专业转为更加细化、更加小众和更需要创造性思维的奢侈品品牌管理专业。

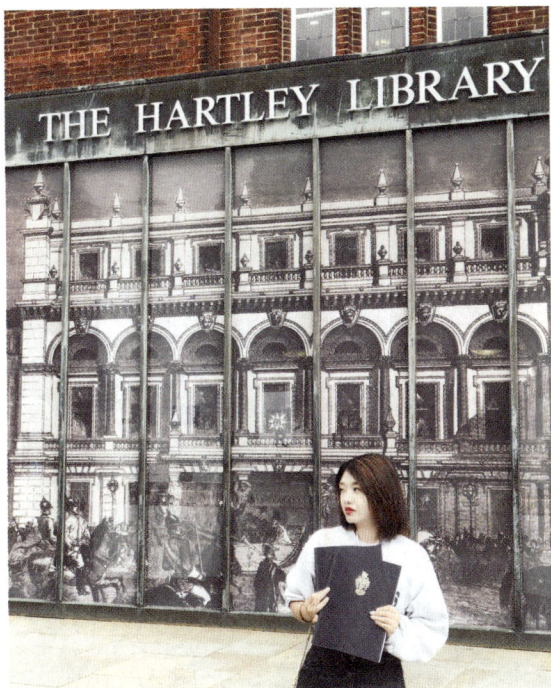

在南安普顿大学图书馆外的王成钰

时尚管理专业和奢侈品品牌管理专业在课程设置方面有一定的相通之处，但相较于时尚管理专业，奢侈品品牌管理专业的申请难度更高，该专业每年仅招收 20 名学生，并且在招生方面还设有一个硬性条件，那就是申请的学生需要拥有两年奢侈品相关的工作经验。

虽然当时的王成钰并不符合这一要求，但人生成功的秘诀是在机遇来临时，能够果断抓住。她大胆尝试，积极主动地向学校发送邮件，提交个人简历，在沟通之中表达出自己强烈想要入读的想法与期许……经过了一系列的努力争取，王成钰最终被奢侈品品牌管理专业破格录取，成为近些年为数不多的进入该专业学习的应届中国学生。

入学后，在一次与老师的偶然谈话中，王成钰得知，此次破格录取有两个原因：首先，她在学业方面成绩优异，具有很强的内驱力，可以在未来的研习层面有更多的积极性和主动性。其次，她在本科时期还有着非常丰富的课外活动经历，这意味着她能够很好地平衡自己的学习和业余生活，有很好的时间管理能力。这些都是一个优秀学生该具有的可贵品质，而学院正需要这种新鲜血液注入。

步履不停，走出自己的舒适圈

和所有的留学生一样，初到英国时，王成钰也不可避免地会遇到"语言"这只拦路虎。

"考过雅思和与当地人沟通、在当地生活，真的完完全全是两码事。"她感叹道，"我们可以解读书本上的长难句，有时候却很难完整正确地用口语表达出一整段观点或想法。"

王成钰所就读的专业学制只有一年，时间短暂，每一分钟对于她来说都是提升自己的机会。回忆起当时的留学生活，王成钰表示只要身体上没有不适，基本上每天都会去趟图书馆。南安普顿大学的图书馆氛围很好，在图书馆里学生们不可以"偷懒"，假若有同学在图书馆呼呼大睡，工作人员便会过来带他去洗浴间"清醒一番"。正是这种只争朝夕的学习环境，激发了王成钰加倍的奋斗热情。

此外，在完成了自己的课业后，王成钰还会利用闲暇时间去做兼职。"融入当地最好的方式，就是和当地人一同工作，跟他们聊天，向他们学习地道的英语口语。"王成钰说，"一方面最近距离地接触当地人，能够释放自己的语言潜能；另一方面也可以将自己的专业知识应用到实际生活中去。"

王成钰为了能够充分利用短暂的英国签证有效期，她选择在完成论文后只身一人搬到了伦敦，在全球著名的奢侈品 LVMH 集团旗下的意大利顶级羊绒品牌 Loro Piana 做了全职销售。凭借对时尚的理解和独特的亲和力，她成功服务了很多海内外知名公司高管，销售业绩稳定在店铺 TOP5。即使也遇到过客户的"不理解"与"麻烦事"，但是她依然享受这段充实的生活。

傍晚的余晖下，横跨泰晤士河的英国伦敦塔桥

在此期间，王成钰的英语口语水平也突飞猛进，从一开始与人交流时的磕磕绊绊与唯唯诺诺，到后来的"张口就来"，能与世界各地的游客侃侃而谈……在英国留学期间，王成钰工作了半年有余，真正地融入了当地的生活。

破茧成蝶，重塑自我

2019 年，王成钰以毕业论文 72 分（英国硕士论文达 70 分以上即为优秀）的优异成绩顺利毕业。谈及得高分的经验，王成钰表示从海量的信息中搜集整理资料仅仅是基础能力，写论文更重要的是要与自己的导师沟通和交流，珍惜每一次探讨、学习的机会。敢于出错，乐于改错，并且永远要比老师给出的目标多做一步，从而给自己预留出充分的时间做调整。

"如果当初没有选择留学，现在的我肯定会完全不一样。"王成钰坚定地说道。倘若没有当初的信念和追求，也不会有锐意进取的动力，那么她很有可能就会平平淡淡地虚度大学的四年光阴。

对于王成钰来说，这段留学名校的经历帮助她增长了学识与见识，也为她提供了初入职场的敲门砖。留学归国的她入职于北京一家知名的公关公司，服务于豪华汽车品牌。"公司领导不止一次地说过，当初招我入职是看中了我的学历背景。"

读万卷书，更要行万里路。一段居于异国他乡的独特阅历也能够在一定程度上提高自身的抗压能力。虽然也会因为文化差异遇到各种各样的不便与难题，但在沉下心跨过一道道坎、一座座山后，王成钰在面对困难时，不会再六神无主似的崩溃，不会再无所裨益地吐槽，而是会认真地思考该怎么去解决问题，该怎么将这件事做得更好。

此外，长时间的自律最终会变成习惯。王成钰现在跳槽到了另一家知名的广告公司，担任品牌推广经理。在工作之余，哪怕工作任务再忙、再累，王成钰也会抽取碎片化的时间学习西班牙语，她还计划明年可以考一个西语证书。"养成习惯后，我现在根本停不下来，我需要给自己找点事情来做，时刻充实自己。"王成钰笑着说。

董鸿越
不安于现状，在英国精准寻找未来方向

如果不是因为新冠肺炎疫情的影响，2020 年，董鸿越应该在备战美国高校的研究生申请，毕竟她已经在这里生活了 3 年，对人文与环境更加熟悉。然而，有个声音总在她的内心响起：真的考虑要在这里继续学习吗？不想去别的地方看看吗？答案显而易见，她渴望去了解并体验这个世界的辽阔。

选择中外合作办学项目，想去看看外面的世界

由于高三时期生了一场重病，董鸿越很长一段时间无法进入正常的学习状态中，这也使得她的高考成绩不是很理想。她也曾考虑过复读，不过相较于未来能否考上理想大学的未知，董鸿越更希望能把握住当下的机会。在父母的支持下，董鸿越填报了长春工业大学的志愿，并选择了未来可以出国学习的"2+2"中外合作办学项目。

长春工业大学开设有四个教育部批准的中外合作办学本科教育项目，参与这个项目的学生大一、大二期间在国内学习，大三、大四学年则前往海外合作院校学习，在取得外方同专业学位证书之后，即可获得长春工业大学的毕业证书和学士学位证书。

董鸿越申报的专业是电气工程及其自动化，之所以选择这个专业还是受到了父亲的影响。"我一开始是想学金融会计方面的，但父亲觉得电气工程这个专业比较适合我。"董鸿越表示，"最初我并不了解这个专业，也不知道毕业后能做什么样的工作，然而等我进入到这个专业学习之后发现，它更多会涉及数学推导和计算，还有一些编程的课程，挺有意思的，就这么学进去了。"

知女莫若父，现在回想起来，董鸿越非常感谢父亲当年帮她做出的选择。在她后来赴美学习期间，一门类似金融的必修课程给她造成了极大的困扰。课程中数量庞大的公式都需要董鸿越背下来并能灵活运用。"当时真的是学得头大，也很庆幸最初没有选择学金融学。"她感叹道。

不过，除了家庭在专业选择方面的影响，更让董鸿越看重的是"2+2"项目中后两年赴美留学的机会。"我所学专业的合作院校是美国的波特兰州立大学，其实我在出国之前根本没听说过这个学校，也不知道学校所在的俄勒冈州在哪里，但我就是想走出去看看，去看看这个世界。"

赴美留学，感受留学生课业不易

波特兰州立大学位于俄勒冈州波特兰城。作为俄勒冈州最大的城市，波特兰城位于旧金山和西雅图之间，是一个以安全、美食、自行车运动和其他户外运动闻名的美丽城市，素有"玫瑰之城"的美誉。同时，这座城市还拥有完善的公共交通设施，连续多年被评为美国最宜居的城市之一。

波特兰州立大学校园一隅

波特兰州立大学虽然综合排名不是很突出，但它在当地人心中小有名气。著名的图灵奖获得者伊凡·苏泽兰曾在该校任教多年，因此这所高校的计算机、电气专业声名鹊起。而董鸿越赴美就读的就是该校的电气专业。

或许是对美国高校"易进难出"的教学体制有所耳闻，初到美国的董鸿越非常担心会因为语言问题听不懂课而导致学业不佳。虽然在入学之前，她的托福成绩已经达到入学标准，可以直接进入专业课的学习，但她还是向学校提出申请，先进入学校开设的语言班跟读一个学期，以适应美国的学习生活。

然而，即使是经历了半年的适应期，美国高校的教学模式仍给董鸿越带来了不小的挑战。美国高校的老师在教学时非常注重学生的实践能力，他们普遍认为学生所学的理论都应该在具体实践中得出来，而不是在教学中习得。此外，美国高校强调培养学生的自学能力，即使是做实验的时候，老师也不会给学生做示范，仅仅是告诉学生他想要得到一个什么样的成果或效果，具体的过程需要学生自己去查阅资料并进行独立的实验操作。"每当成功做出老师想要的结果时，那种成就感是无法用言语来形容的，感觉灵魂都是充实的。"董鸿越说。

即使到了现在，她仍然对自己初次在美国高校做实验时手足无措的模样记忆犹新。"我当时很蒙，老师不告诉你怎么做，助教也不告诉你怎么做，跟国内的学习完全不一样。"不过，这样的学习模式也使董鸿越的实践能力有了极大的提升。"我们电气专业对实操要求比较高，比如接个线啊、操作机器啊，能有机会多动手肯定是有益的。"

虽然教学模式上的差异令董鸿越有些困扰，但优秀的人总会发光。在本科学习期间，不论是在国内高校还是海外，每一年董鸿越都凭借优异的成绩获得了学校的奖学金。也正是因为在学业方面不断受到肯定，她萌生了继续读研、继续深造的想法。

意外收获 G5 高校 offer

虽然有了一个大致的规划，但董鸿越并没有确定是留在美国还是尝试申请其他国家的高校。"我想过要继续留在美国读书，毕竟这里的人文环境我更加熟悉，但我内心更想去别的国家看看，去体验不一样的生活，就像我当初选择大学一样。"当被问及为何没有选择继续留在美国深造时，她这样回答。

经过对世界各国及高校的多番研究和调查，她下定决心申请英国的高校，并在 2019 年年底之前，向自己心仪的院校全部递交了申请。

英国作为一个传统工业大国，依托于其发达的工业体系，英国高校普遍在电气和电力专业上实力出众，深受国际好评，因此吸引了众多学子，其中也包括董鸿越。

董鸿越在泰晤士河的伦敦塔桥旁

然而，在申请发出后不久，她很快就收到了曼彻斯特大学的拒信。"我当时感觉特别沮丧，因为这个拒信来得太快了，就真的是连第一轮都没有过的那种感觉。"从董鸿越的言语中，能感觉出曼彻斯特大学的申请失利，对当时的她造成了一定的影响。即使后来陆续收到了其他高校给予的 offer，她还有些沉浸在失落的情绪之中。

转眼就到了次年的春节，农历新年后，KCL 发来了 offer，这对于董鸿越来说无疑是一剂强心针，令她万分喜悦。"像这种排名特别靠前的高校我都没有什么把握，当时申请也是想冲一冲，没抱太大的期望。"董鸿越欣喜地表示。然而那时的她，并不知道后面还有更大的惊喜在向她走来。

2020 年 4 月，董鸿越收到了来自 UCL（University College London，伦敦大学学院）的 offer，那份惊喜和意外的感觉她铭记至今。"现在回想起来，当时收到 offer 的情景就像是在做梦一样，UCL 的 offer 真的是给了我大大的惊喜，把我从失败的低谷中拉了出来。"

收获了梦寐以求的 offer，董鸿越喜不自胜，新冠肺炎疫情的全球蔓延也没有阻止她赴英求学的决心。彼时，美国疫情蔓延较为严重，为了保证学生的健康和安全，董鸿越所在的高校取消了线下毕业典礼，改为线上形式。而同一时间，英国由于制定了相对严格的政策，疫情控制相对良好，"我也考虑过回家上网课，但因为时差的问题，感觉在家上网课肯定没有实地上课学习效率高。此外，当时英国的疫情情况比美国好太多了，我自己也很想去实地上课。"

顺利赴英，在强电领域持续深耕

作为英国"G5超级精英大学"之一，伦敦大学学院不仅拥有全球领先的医学院、经济学院、建筑学院和工程科学学院，在其他各个领域的卓越成就也都名扬世界。

作为英国第三古老的院校，同时也是一所非常现代化的高校，伦敦大学学院在创立之初就是希望能摒弃教会学校的陈规旧制，倡导理性主义与教育公平。其对于来自不同专业、不同院校背景、不同种族的学生包容性很强，在课堂上，教授们对于学术的严谨和热情也深深打动着董鸿越。

伦敦大学学院校园一角

不过，即使已经有了在美国学习的经历，初到英国求学时，董鸿越还是有几分"焦头烂额"的感觉。"学校课程都安排得十分紧张。"她解释道，"考试也一个接着一个，令人应接不暇。"

董鸿越所申请的电力系统工程专业被划分在学校的机械学院下面，这个专业包含了大量机械相关领域的知识和内容。"其实我在申请之前也研究过这个专业所提供的课程，但我没有想过这些课程教授、考查得那么细致。"董鸿越解释说，"就比如有门课是讲新能源的，我觉得这没有问题，目前新能源是个大方向，跟发电也有些关系。但老师会让我计算风力发电机中风轮叶片旋转的角度以及电机齿轮咬合需要发多少力。此外，还要去设计这个齿轮。没想到这门课会教授得那么细，而关于机械相关的内容我之前从来没有触碰过！"

为了弥补机械方面的知识并跟上学制的节奏，整整一年，董鸿越基本就没有休息过，每天不是泡在图书馆就是在去图书馆的路上。因为疫情而封闭学校无法外出，她基本一整天都会坐在桌子前面心无旁骛地学习，等她回过神来，一天的时光已经过去。

努力总会有回报，2021年，董鸿越完成毕业论文并顺利毕业。由于疫情的影响，她没能体验到线下毕业典礼的盛大。"我本科的毕业典礼也因为疫情改为线上了，研究生毕业典礼也是线上形式，没有仪式感确实是挺遗憾的事情。"董鸿越苦笑道，"真心希望疫情快点过去！"

毕业回国，展望未来

在体验过中、美、英三国不同的教育之后，董鸿越觉得自己的包容性更强了。她说："在未来的工作中，可能会接触到各种各样的来自不同地方、有过不同经历的人，在面对他们的时候，我比此前的自己更能从容不迫。"

现如今，董鸿越已顺利回国，在电力行业里持续深耕。她计划先把目前所学到的知识应用到工作中，并不断提升个人能力，持续不断地学习。如果有机会，她会考虑同步进行博士学位的学习，不断丰富自己的知识，为电力行业贡献自己的一份力量。

王雪

疫情之下坚持赴英，
亲身体验才是留学的意义所在

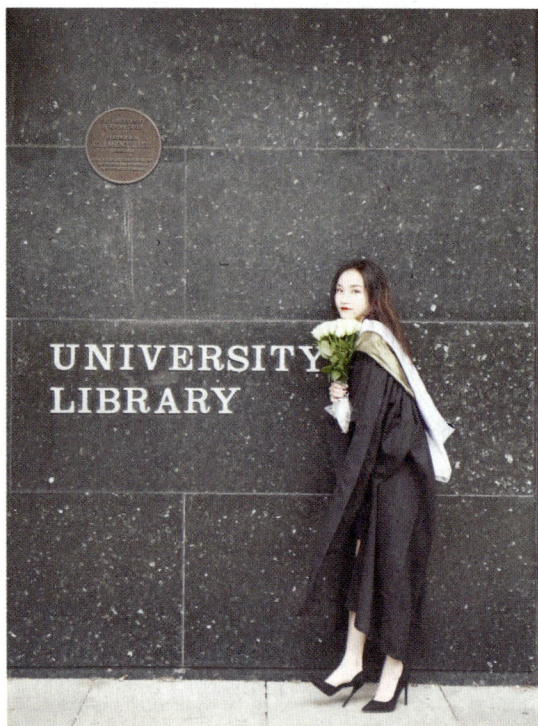

2020年11月初，王雪坐上了前往英国爱丁堡的航班。在她看来，留学的意义不只是知识上的学习与获取，更在于体验他国的教育理念，经历不同社会体制下的文化碰撞。她说："留学让我变得更加自立、自强，除了学识、能力上面的提升，也让我收获了一段非常快乐和开心的经历，让我的人生从此不同。"

决定留学，渴望实现名校梦

2016 年，王雪远离家乡，来到上海政法学院就读本科英语专业。

上海是王雪一直以来都很向往的城市，黄浦江两岸的林立高楼，弄堂之间的吴侬软语，都令她心生向往。她对即将入读的英语专业也很感兴趣，"除了语言方面的学习之外，我们还对文学作品进行解读和欣赏。通过研读英国文学、美国文学来学习并了解作品背后所展现的时代特色和他国文化，通过学习优秀的文学作品感受语言本身的魅力并进行探索。"

随着对校园环境的不断熟悉，她开始不断摸索自己的兴趣所在。在本科求学期间，她加入学校的学生会，成功策划并筹办了文化节、迎新晚会等多个校园活动。从前期的策划、物资采购、节目审核到后期的场地协调、人员协调、宣传，她事无巨细，一一参与，积累了丰富的活动举办经验。同时，她还积极参与了多个志愿服务活动，校园生活丰富多彩。

此外，在学业方面，她也非常勤奋努力，不论是必修还是选修课程，她都认真对待，尽全力做到最好。连续 4 年，王雪排名也一直位居年级前列，凭借着优异的成绩接连获得学校的奖学金。

然而，有个小小的遗憾一直埋藏在王雪的心中。"当年高考后，我选择了自己喜欢的城市，却没能够进入心仪的学校学习，这终归是一件遗憾的事。因此，我从大一开始就决定不能浪费大学 4 年的时光，为出国读研积蓄力量，实现自己的名校梦，去感受不同的教育环境和文化氛围，去丰富自己的人生经历，开阔自己的眼界。"

一旦有了确切的目标，便要为之努力奋斗。凭借着优异的学业成绩和丰富的活动经历，在大四那一年，她如愿收获了世界 TOP20 的英国爱丁堡大学的预录取通知，为实现梦想跨出了第一步。

直面疫情，奔赴英国

2020 年，突如其来的新冠肺炎疫情席卷全球，打乱了很多留学生的规划和学习节奏，王雪也不例外。原本她计划在入学前再刷一刷自己的雅思成绩，直接入读专业课。然而，雅思考试的接连取消令她近半年来"无试可考"，不得已，她只能凭借此前"试水"得来的雅思成绩入读语言班。

"我建议未来想要留学的学弟、学妹们不要学我，还是尽早准备好理想的语言成绩比较好。"王雪苦笑道，"一开始我也有点不甘心，但是后来就释然了，就当是利用读语言班的时间作为海外学习的缓冲期吧。"

然而天不遂人愿，2020 年下半年，疫情仍然在全球蔓延。王雪几次预定的航班不是遭遇了熔断，就是因故被取消，导致她不得不在国内上网课。但经过一段时间网课之后，王雪觉得效果不佳。"还是想去实地上课，但家里人肯定是会担心的，他们会比较在意疫情和健康问题。"王雪说，"不过我的家人还是比较民主的，我跟他们表达了我的看法，他们也很尊重我。我的学制只有 1 年，如果我一直不去的话，就感受不到那里的文化氛围了。我也跟家里人保证我一定会做好个人防护。"

11 月初，历经"千难万险"买到机票的王雪只身前往爱丁堡，开启了她的异国求学之旅。

航班不合适的日子，王雪只能上网课

在爱丁堡感受留学魅力

作为全英国六所最古老的大学之一，爱丁堡大学已经经历了 400 多年的发展历程，众多学科的科研学术水平位居世界前列，曾诞生过 28 位诺贝尔奖获得者、2 位图灵奖获得者和 1 名阿贝尔数学奖获得者。同时，这所高校的所在地——苏格兰首府爱丁堡市更是一座有着"北方雅典""世界第一文学之城"美誉的城市。

古老而优雅的城市建筑赋予了爱丁堡市独有的文化氛围，令它成为英国重要的文化中心之一。1947 年在这里创办的爱丁堡国际电影节让这座城市的艺术气息更加浓厚，各种规模的艺术影院、画廊、剧院等鳞次栉比。

王雪所就读的电影展览和策展专业可以说是爱丁堡大学开设的先锋专业之一。作为世界上最早开设这一领域学习课程的高校，爱丁堡大学率先在电影、展览、策展研究方面开发了一个积极的学习和教学环境。同时，该专业给学生提供很多与电影人、策展人等业界专业人士沟通交流的机会，帮助学生建立人脉联系，丰富实践经历。

雪中的爱丁堡，浪漫与优雅并存

"当我了解了这个专业之后，我就喜欢上了。"王雪表示，"这个专业所设置的课程特别丰富有趣，它能够提升我们批判性思考和综合性思考的能力。最后还会让我们做一个类似电影展览或者电影策展的项目，能够让所学知识得到运用，非常具有实践性，这点很吸引我。"

果不其然，专业所提供的课程并没有让王雪失望。虽然由于疫情原因，学校又将教学模式转为了网课的形式，但在课下，学生与学生之间、学生与老师之间的沟通相对更加频繁。"我的老师都非常和蔼可亲，而且很有耐心。"王雪笑着说，"我们不仅会进行学术上的交流，课余时间还会约出来一起喝咖啡聊天。"

异国他乡的学习生活充满了新鲜感，王雪感觉充实、满足。在课堂上，由于文化背景不同，海外同学在学术讨论过程中所提出的思考和想法，经常会让王雪感到耳目一新。"对于很多事情我们思考方向是不同的，这种多元文化所形成的思维上的差异真的非常有意思，也很神奇。"

在生活方面，爱丁堡相对缓慢的生活节奏让王雪感到惬意、舒适，苏格兰人民的淳朴友善让她对这个城市的好感日益浓厚。"比如我经常去的那家超市，门口的老爷爷每次见到我都会跟我鞠躬问好，在买东西的间隙他偶尔还会跟我们聊聊天，真的非常亲切，没有那种陌生感。"回忆起在英国的留学生活，王雪有些感慨。"我居住的公寓门口有个可以直达海边的公交，我经常坐着这个公交去海边逛一逛，或者到附近的海滨小镇散散心。这些小镇都没什么商业，还保持着很自然的居住氛围，感觉很自然、很舒服。"

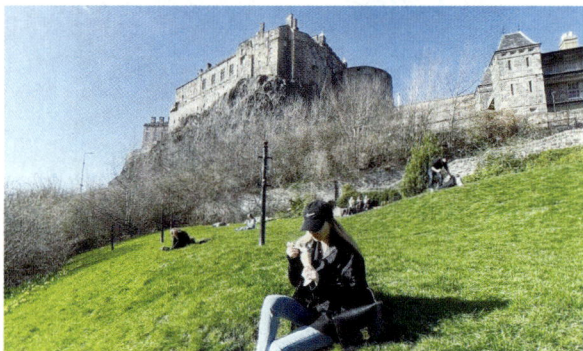

王雪在爱丁堡城堡前的草地上休息，这座城堡是苏格兰精神的象征

学成归国，未来可期

一年的学习时光总是很短暂。2021年7月，王雪顺利毕业，返回中国。在谈起之前的留学经历时，她形容有时候感觉"整个留学生活就像是一场梦，回国之后就有点像梦醒了"。

然而，曾经走过的路总会留下痕迹，那些青春的时光终会深深地刻印在心底。在经历了一年的海外求学之后，王雪感觉自己更加自立、自强，也更会保持乐观的心态，享受生活。"我的整个留学生涯遭遇了很多挑战和限制，也面临了很多困难，但我选择去直面、去解决，我也觉得自己足够幸运，能获得想要的结果。在国外的这一年，我每天都在为实现自己的名校梦而快乐，也为自己做出出国这个决定感到庆幸。"

虽然受到疫情的影响，王雪的留学生活缺少了很多体验，也很遗憾没有机会全面地领略英国各个地区不同的文化与风光。但她学会对事情做更加长远的考虑和制定 Plan B，让事物的发展尽可能地在掌控之中。留学带给她的不仅仅是一段经历、一纸文凭，更教会了她如何与人相处、独立思考，提高了解决问题的能力。

谈起未来的规划与方向，王雪表示把握当下很关键。"在不同的阶段，我会专心致志地去做当下需要完成的事情。我现在的目标就是寻找到自己感兴趣、有动力且能得到持续成长的一个工作，然后笃定前行。"

从"双非"到世界名校，从小城市到海外生活，这段留学历程丰富了王雪的人生体验，让她感受到了更加广阔的世界，结交了优秀的朋友以及收获了更加积极进取的人生心态，而这些无法用任何事物代替的独一无二的经历，给予了她真正的成长。未来的道路，或许平坦，或许长满荆棘，但可以确认的是，王雪将无所畏惧，执着向前。

三

筑梦澳新

石永超

从中国乡村到新西兰，留学让人生拥有更多样的选择

从乡村到首都再到南半球，从国内工作、出国留学、海外工作到永居申请，从与妻子异国恋、异地恋到相伴生活、走入婚姻殿堂……13 年来，石永超经历过困扰、迷茫、焦虑等复杂情绪，也品尝过酸涩、甜蜜、幸福的爱情滋味。留学让他踏上了意料之外的旅程，改变了他的人生轨迹，也让他相信，只要敢于做出改变，人生将拥有多种可能。

留学海外，突破瓶颈期的一种尝试

从小到大，石永超从未想过自己会走上留学的道路。在他过去的人生规划里，自己大概会率先在大城市里奋斗几年，然后到一个二三线城市里生活。到了差不多的年纪，结婚生子、孝敬父母，过着按部就班的平淡生活。

2005年，石永超考上海南大学旅游学院的旅游信息管理专业，在当年，这是个大专专业，课程设置方面更偏向于信息管理，涉及编程、数据管理等，因此，对于高中学文科的他来说不仅学习压力不小，还与他当时的职业规划相去甚远。

理想与现实之间的落差，让他对今后的学业及未来发展感到焦虑且困惑。正在此时，契机来了。大一学年末，一家世界著名酒店集团来到学校，准备与校方合作开办一个带有人才储备性质的项目班级，仅面向酒店管理专业的学生。得知这个消息之后，石永超顺势申请了转专业并递交了报名表。经过层层面试，他最终成功入选。

从此之后，实习以及毕业后工作，石永超进入了一家国际知名五星级酒店，开启了酒店行业的职场道路。

从2008年到2015年，石永超从海南漂到北京，从礼宾员到客户关系经理。阅历不断提升，生活不断稳定，一切似乎都在平稳地前进着，但石永超却有了一种遭遇瓶颈的感觉。随着国民教育水平的不断提升，对于只拥有大专学历的他来说，上升通道愈发狭窄。"我曾想过跳槽，毕竟已经在同一个体系工作了六七年，想有点变化。"石永超坦然道，"但我发现以我当时的情况，想去够一个更高的职位，还是很吃力的。"

石永超并不甘心，日益激烈的竞争环境也让他有些疲倦。迷茫之际，当时还是同事、如今成为爱人的Jessy提议：不如尝试转变一下环境，出国留学吧。

做出留学决定，踏出改变的第一步

Jessy 本科和硕士均在英国就读，基于自身经验以及对海外国家的了解，Jessy 与石永超很快就商议出目标国家：新西兰。

规划起来容易，具体实施却非常困难。虽然石永超英文学得不错，但面对雅思考试还是有些束手无策。另外，在费用上他也需要家人的支持。

80 后的石永超出生于安徽省马鞍山市下辖县的一个农村，自小与祖父母相伴长大。父母外出务工，甚少回家。在他的印象里，除了过年，基本上看不到父母的身影，而周围的孩子们大多也是同样的经历。年少时期的聚少离多让石永超与父母之间的关系一直保持着不近不远的距离，亲密而又稍显客气。

虽然来自农村，但这对父母不仅拥有劳动人民的勤劳质朴，同时也有着开明的思想和眼界。他们始终支持孩子的决定，并无条件提供力所能及的帮助。

"我特别感谢我的父母。"石永超表示，"可能有些人会觉得我长那么大，还没怎么孝敬父母就毅然前往万里之外的异国他乡，这是没心没肺或者不孝顺之类的。但我父母坚持认为这是我自己的生活、我自己的人生，我想怎么过他们都表示支持。"

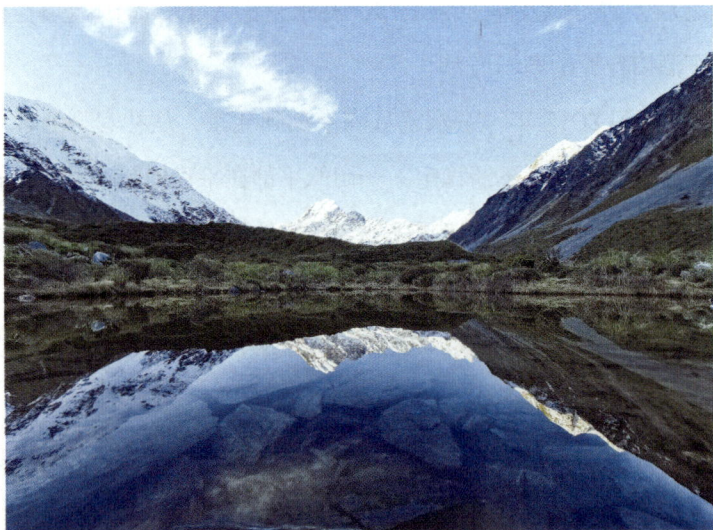

新西兰的最高峰——库克峰，毛利语叫奥拉基，意思是"穿云锥"

带着父母的支持，石永超最终决定接受太平洋国际酒店管理学院的 offer，完成为期一年学士后文凭的学习（即类似国内专升本的学习）。他还与女友计划，如果喜欢这个国家的环境，这一年的学习期也可以作为移民申请的一个缓冲期。

新的挑战，弥补学业遗憾

太平洋国际酒店管理学院坐落于新西兰新普利茅斯市，在里面授课的教师70% 以上曾多年从事酒店高层管理，专业经验丰富。作为一所专业培养旅游及酒店业高级人才的高等学府，它的学历在新西兰和澳大利亚的旅游行业广受认可，在同行竞争中具有一定优势。

此外，学院本身就是一个运营中的酒店，在此就读的学生不仅作为客人住在酒店里，更是身为酒店员工、主管或经理管理着酒店。这些身份角色的转换，使得学生在获得管理理论知识的同时，也积累了宝贵的实际操作经验。

校园一隅，太平洋国际酒店管理学院是在一家四星级酒店的基础上建设的

石永超在酒店行业工作多年，有着比较丰富的实际操作和管理经验，面对学院所开设的实操和管理理论课程，他能很快适应并上手。但到了研究性论文写作课程上，石永超就显得有些吃力。他表示，在海南大学旅游学院学习时，学校所实行的学习、考核方式和高中时期相差无几：老师依据课本传授知识，考试之前会为学生画重点，学生考试成绩合格即可。在新西兰，石永超第一次系统地接触研究性论文规范、如何挖掘数据作为研究论点、如何进行选题切入等论文写作学习，而这些知识点新西兰学生大一大二时已经学习，到了石永超所就读的这一学年，教授并不会仔细讲解。

为了弥补知识点的缺漏，石永超只好用起"笨办法"：课下找老师"开小灶"。每一学期开始，老师都会向学生公布自己的 office hour，即课下留出来跟学生互动或答疑的时间。从撰写研究论文开始，几乎每一个 office hour 里，老师都能看到石永超的身影。从开题、选题、挖数据、论点分析，再到最后的实际写作，每一步都是石永超和老师"磨"出来的成果。

精诚所至，金石为开。在最后的评估中，石永超的研究论文取得了不错的成绩，而这个"磨"的过程，更是让石永超受益匪浅。他说："现在回想起来，研究论文算是我留学期间最大的压力源吧，当时非常担心和焦虑，因为我很担心自己会挂掉这门课。为了一门课再去读一个学期，这是我不能接受的。所以我一直在努力解决问题，最后也得到了好的结果。"

2016 年底，石永超顺利毕业，拿到了新西兰学历认证局（NZQA）7 级证书（即本科）。

在学校礼堂举办的社区活动日

顺利就业，与爱人团聚

基于之前的工作背景，石永超在毕业之前拿到了位于新西兰第一大城市奥克兰的一家四星级酒店的工作。2017 年，女友 Jessy 获得公司内部调转的机会，去了新西兰第三大城市基督城工作。为了能和 Jessy 团聚，石永超换了工作与女友定居于基督城。同时，移居的决定也使得他满足了新西兰移民局的 EOI（Expression of Interest，移民意向表述）分数（在非奥克兰地区工作有加分）。

石永超在奥克兰工作的酒店内景

新西兰对于旅游及酒店相关专业的人才处于长期需求的状态，但随着时间的推进，新西兰对于技术移民的政策优待在逐步收紧。自 2016 年开始，除了不断提高 EOI 分数底线，政府对移民申请者的薪资要求也有了相应的提高。截至目前，移民局对满足 EOI 分数（160 分）的申请者薪资要求提升至 25.5 新西兰元 / 小时，若申请者属于低技术等级人才，所需求的薪资水平几乎要翻倍。2020 年新冠肺炎疫情的全球性暴发更是一度令新西兰政府暂停了移民申请的审批，新申请者的移民道路出现了肉眼可见的艰难。

"能不能成功移民对于当时的我们来说其实也是个未知数。"石永超表示，

"来新西兰学习，之后找工作，申请工签，申请技术移民，一步一步、一环一环都不能保证一定不出问题。政府的移民政策在不断收紧，我们每天都像是在一条隧道里朝着光的方向奔跑，但什么时候能跑出隧道，我们也不知道。"

有一段时间，他们焦虑到麻木，但也逐渐放平心态："如果真的无法移民，这些年就当作是体验海外生活了。"

2019年初，石永超和Jessy幸运地达到了申请要求并提交了永居申请。

新的生命，新的人生

经历了整整两年忐忑的等待，2021年2月，石永超和Jessy的永居申请获批。而在此前的2020年12月，他们在风光秀丽的皇后镇举办了一场规模虽小却温馨的婚礼。2021年8月，他们迎来了自己的孩子，他们的生活也增添了更多色彩。

新冠肺炎疫情给他们的生活带来了一些困扰，很多餐厅因此停业或者只提供餐食自取服务，但超市、药店、医院和加油站等生活必需消费地点照常运行。原本计划于2020年4月举办的婚礼也因为疫情推迟了整整8个月，而新西兰国境线的封锁令他们的父母无法亲自到场参加婚礼，只能通过直播参与其中，这也成了一个小小的遗憾。

石永超和Jessy婚礼时的场地，位于皇后镇的一个峡谷高地上，景色秀美

在新西兰的生活让石永超发展出拍生活视频的小爱好。在工作之余，他会拍一些小视频剪辑成 vlog 发布在社交网站上，与网友们分享新西兰生活的同时，也记录一下自己的生活。

对于未来，他们计划在拿到永久回头签之后回国生活，与父母相伴。表面上看，石永超似乎是折腾了一圈又回到了原点，但他的眼界和心态早已发生了巨大的变化。

辞职留学、海外工作、移民成功的经历让他更有底气和自信，待人接物也更加平和从容。他用自身经历告诉大家人生其实并没有既定的轨道，即使是那些看起来遥不可及的想法与目标，只要勇于踏出改变的第一步，并为之拼搏奋斗，就一定能实现！

回首过去，当年出国留学那个决定，不仅改变了他的未来，也让他的人生充满了更多可能。

谢万小婕

放弃医学保研，赴澳探索新的实验领域

26 岁的谢万小婕，目前正在澳大利亚昆士兰大学攻读免疫学博士，留学深造本不在她的学业计划中，但当机会来临时，她没有犹豫。

赴中国台湾交流，开始了对出国留学的憧憬

去医院检查身体时，医生常常会先开一张血常规或尿常规的单子，这些基础检查对于医生的后续诊断有着关键作用，而负责这类检查的检验科，其医护工作者通常是进行了几年的本科与硕士学习后就职的。如果没有去中国台湾交换学习一学期的经历，谢万小婕也会成为其中的一员。

小婕本科考入了湖北中医药大学，选择攻读的专业正是医学检验。学校在医疗体系的排名相对不错，检验专业也是在全国范围内较早设立的学科，比较有竞争优势，就业口碑也很可观。小婕的很多学长学姐毕业后就直接进入了三甲医院，或是协和、陆军总医院等知名医院工作，因此在就业方面她并没有太多压力，唯一要做好的就是把专业知识学扎实。

某一天，小婕突然关注到了一个交换学习项目，目的地是中国台湾的中台科技大学。该校 1966 年创立，其医学检验科、放射技术科等专业更是早期设立的学科，享有多年学术研究与实践成果。而这也是学院与中国台湾的第一届交换项目，之前从未有过。看到这个机会，喜欢体验新环境的小婕毫不犹豫地报了名，虽然只有半年，但她隐隐觉得这会成为自己大学期间一次丰富的体验！

经过考试、面试，她顺利地争取到了交换机会。

初到中国台湾，小婕的时间就被"充实的"考试填得满满当当。那是她第一次听说还有"提前考"这种模式。所谓提前考，就是学习新一章内容前会有小测试，这种方式使学习更有方向。

除了提前考，还有期中考、期末考，考试成了家常便饭，加上每天的作业，课业繁重感不言而喻。或许是作为第一届去交换的学生，想为母校争光，也或许是想争取到大三的奖学金，必须取得一个优异的学分成绩……这些想法促使她加倍努力，朝着高分的目标暗下功夫，在她的回忆里，虽然只是去中国

台湾交换了一学期，但这半年的学习情景每每谈起仍然历历在目。"感觉交换时期的学习比高中的时候还要用功。"小婕感慨道。

付出总有回报，本科期间充实的学习极大地丰富了她的知识结构，为日后专业深造打下了扎实的基础。在这四年里，每一年的奖学金都见证了她的勤奋和努力。除了专业上的学习，社团活动、志愿活动也让小婕遇见了不一样的自己。

放弃保研，考雅思成了最大的难题

基于在中国台湾的学习生活，小婕想去体验不同教育、不同学习氛围及多样文化风俗的念头越来越强烈，新鲜的环境激发了她更多的潜力，也让她对未来职业与生活多了一种选择。"如果没有参加这次去台湾交流的项目，我应该就会像学姐学长们一样留在本校读研究生，之后去医院检验科工作。"小婕表示。但正是这一次尝试，让她的生活轨迹发生了很大变化，那颗爱冒险爱尝试的心正向着未来跃跃欲试。

做出出国读研的决定已经是小婕大四中旬的时候了，当时她已结束了交换学习回到国内，并在医院参与了半年的实习。相比于很多从大二就开始学语言为出国做准备的同学来说，小婕出国的想法来得太突然，留给她的时间非常有限，她面临的难题是：以"双非"院校的本科背景申请专业好的海外院校，把握本科毕业与读研的无缝衔接，短期内提升自己的英语成绩。在她看来，这个冲动想法更像是一场冒险，而这时学校给自己的保研名额无疑为这场博弈增加了挑战。

面对保研和留学，小婕陷入了两难。"虽然面前是更稳妥的免笔试保研，而出国一定程度上意味着要重新开始，挑战更大，但可以尝试新事物，对我的吸引力是很大的！"谈到放弃保研这个选择，小婕直言自己当时有些冲动，但想要尝试新事物的渴望让她拼命地为实现留学目标去努力，用她自己的话说，"当时把自己逼得没有退路了"。

小婕本科时期认识的一位学姐当时正在世界 50 强名校澳大利亚昆士兰大学深造，在查询了相关资料后，小婕惊喜地发现该校生物学专业的科研和教学水平在全澳和世界排名中名列前茅，学术认可度高，所开设的课程也与自己本科所学的内容高度重合，如分子生物、病理学等，很适合在自己的专业领域里继续深造。

于是，她毫不犹豫地将昆士兰大学作为自己的目标院校。

澳大利亚高校在研究生录取时非常关注学生本科的 GPA 成绩，小婕四年的努力没有白费，优异的成绩单和四年奖学金成为申请时强有力的敲门砖。剩下的就是语言要求了，为了减轻家庭负担不上语言班，小婕定下目标：必须考到雅思要求线。在大四最后 2 个月的时间里，其他朋友都在进行实习或者考研的安排，已经离开校园，只有她一个人留在学校拼命学英语，天天往图书馆自习室里跑，从白天学到黑夜。然而，第一次雅思成绩并不理想，这对小婕多少有些打击，她压力也更大了，因为开始做准备的时间太晚，她只剩最后一次考雅思的机会了。没有功夫失意和徘徊，小婕继续投入备考雅思的战斗中。

功夫不负有心人！"最后一次雅思成绩是在除夕那晚出来的，看到过了，全家人高兴得不得了！"小婕兴奋地说。很快，她收到了昆士兰大学的正式 offer。

在澳大利亚布里斯班的求学生活

昆士兰大学紧邻布里斯班河，校园里栽种了很多蓝花楹，这是一种长满了紫色花的树，盛开季节浪漫夺目。昆士兰大学有当地规模最大的图书馆、电影院、艺术厅，操场像极了霍格沃茨魔法学校，如果不说这是一个理工院校，参观者甚至会认为自己来到了一个艺术类大学。小婕开心地说："昆大超美，它是我心中最美的澳大利亚学校，没有之一！"

昆士兰大学里开满了紫色的花

不过更吸引小婕的，还是实验室里丰富先进的仪器设备。本科期间做实验时，老师会给学生分组，2—3人或3—4人轮流或共同使用设备，这对于她来说实在是有点不过瘾。不过昆大的实验设备非常充足，配备的器材远超于每届学生的人数，此外还有很多小婕从没见过的新鲜实验设备，令她感到惊喜而又享受，她说："能够独占设备真的是太幸福了！"

昆大的校园活动也非常丰富，每周三的校园集市、做手工的workshop（工场）等，所有活动都会通过学校官方Instagram的页面发布，吸引全校学生参与进来。最让小婕喜爱的，还是去校园里的大草坪上享受休闲时刻，或是晚上去露天电影院和同学们一起看大屏幕电影。她最喜欢的旅行方式就是坐公交车观光，跟随公交车一站又一站穿梭于城市街道，可以充分领略当地的真实生活。

在实验室里遇到严谨的德国老师

如果没有遇见自己的实验室导师，小婕不会对德国人有深刻的印象。德国人做事是出了名的严谨负责，这在她的导师身上有着真实的印证，而这也是小婕在实验室遇到的一大挑战。"比如要做一个简单的实验，导师都会亲自教导两三次，第一遍示范，第二遍会看着我做，包括每一样东西要放回原位，一步步应按着流程操作。"小婕表示。当然还少不了时不时的问题询问，不管答案是否正确，小婕都需要勇敢应答，压力时刻如影随形，"因为不回答比答错更可怕。"小婕补充说。

虽然导师非常严厉，但谈起实验室里的经历，小婕却心怀感恩，对她而言，那段时间自己的成长很大。在专业研究方面，导师会经常找每个学生进行深度交流，话题主要围绕大家最近做的研究内容、有何计划与问题，这帮助小婕养成了做计划的习惯，在做实验时更加严谨，在实验之前对实验过程和目的也更加深思熟虑。

而在自信心方面，小婕也发生了脱胎换骨般的变化。"以前的自己，若是遇到棘手的问题经常会手足无措，但经过'高压'的锻炼，我现在遇到突发紧急情况会冷静、沉着地应对，并积极去想办法解决。"

小婕的坚持与努力也得到了导师的欣赏，她亲自为小婕写了推荐信，为小婕的本校申博带来了很大优势。

勇往直前，探索更多可能

当继续读博还是回国工作的选择题摆在小婕面前时，她选择了前者。研究生的学习过程虽然辛苦，但她觉得很享受做实验的乐趣，同时得到了丰富的收获。想继续学下去、接触更多未知事物的想法萦绕在小婕的心头。

澳大利亚博士学制一般是3年，小婕决定充分利用这段时间学习一个感兴趣的新领域。经过深思熟虑，她选择了热门方向——免疫学。

昆士兰大学在免疫学方面的科研水平很高，其所拥有的免疫学实验室曾研制出世界上第一支宫颈癌疫苗。同时，免疫学是一门非常庞大的学科，涵盖很多不同门类的相关内容，被学生们视为非常难读的一个专业。

不过在经历了研究生期间的种种锤炼之后，小婕早已收获了面对困难的自信心与沉着心态。她相信以自己的科研水平和成果足以帮助她成功拿到博士offer。她打开了昆士兰大学官网上的博士申请链接，自信地把自己的所有成绩、跟导师做的研究项目和研究成果都写了上去。果不其然，学校很快给她抛来了橄榄枝。

谈起申博的竞争优势，小婕深刻觉得平日的努力和积累非常关键，高GPA成绩、实验项目中培养的独立实践能力都可能在申请博士时给未来的导师留下良好的印象。同时她也相信，通过博士深造积累的实验技术可以成为自己未来职业中的特色。"这段留学经历打开了我的求职路径，不再拘泥于医院检验科，未来我在企业、制药厂或者是高校求职竞争中都有优势。"

如今，小婕的生活很规律，除了科研和学习，她还会通过健身跳舞来充实自己的生活。受疫情影响，很多校外的健身房或者舞蹈工作室都不能去了，不过学校特地为学生开设了线上的 workshop 和健身课，让学生在隔离期间依然能参与到丰富的社团活动中，帮助大家缓解疫情期间的焦虑。

虽然未来生活中还会有很多选择题等着自己，但小婕不再害怕面对，她按部就班地享受着当下的校园生活。她很感谢当初做出的决定，很幸运遇见了不一样的风景。

郭大江
听损男孩逐梦澳大利亚，
命运不会忽视每一个努力的人

新冠肺炎疫情的全球蔓延让郭大江的澳大利亚求学路变得有些艰难。经过慎重考虑，决定 Gap Year（学生毕业与继续升学之间休的一年假期），让自己能有更多的时间进一步提升自己，为将来的留学做好充足的准备。

"只要努力，就能和别人一样好！"

儿时，因高烧以及用药不当，仅有3岁的郭大江耳神经受损，听力下降，父母带着郭大江跑遍了北京、上海的耳科医院进行治疗，但都疗效甚微。最终，全家人还是听从了医生的建议，为郭大江佩戴了助听器。在那个夜晚，郭大江听到了人声的喧嚣，听到了蝉的鸣叫，他的有声世界丰富而多彩起来。

7岁那年，郭大江没有听从医生的建议进入特殊教育学校，而是选择进入普通小学就读。对于郭大江来说，和健听孩子一起成长，不仅意味着与社会的融入，更是拓宽了自己未来的道路。

融入的过程是艰难的，普通小学的教学进度不会因为一个特殊孩子的存在而整体放慢。郭大江只能凭着矫正后的听力，配合着看老师的口型进行学习。然而，佩戴上助听器只能代表"听见"而不是"听清"，电流附带的噪声、空间带来的回响都会干扰郭大江对于信息的分辨，老师讲授的有些知识点他还没有听明白就被"一带而过"了。上课对于郭大江来说，变成了一件非常吃力的事情，也让他的学习信心逐渐崩塌。

三年级的一天，郭大江终于忍不住了，他跟母亲说："我不想上学了，我想放弃，我没有信心学下去了。"

面对孩子因沮丧而愈发激动的情绪，母亲心里焦急，行动起来陪他过难关。为了能让郭大江的学业不落于人后，她每日为郭大江辅导功课，培养他说话的流畅性和读音的准确性。同时，在体育方面，父亲寻找各种方法帮助郭大江建立自信心。在轮滑班上，郭大江可以与伙伴们一起做"追风少年"；在游泳池里，他体会到了什么是"鱼翔浅底"；在雪山上，零下43°C的白雪世界里，他学会滑雪并滑过2公里的雪道……不仅于此，他还尝试速滑、打冰球等不同的运动项目，获得了满满的成就感。

"更高、更快、更强"在郭大江眼里不再是一句空洞的口号，他真真切切地感受到体育给他带来的力量和信心，也让他深信："只要我足够努力，就能和别人做得一样好！"带着这样的信念，郭大江坚持完成了义务教育及高中课程，高考成绩远超当地二本录取线，进入了大学。

在雪道上，郭大江肆意驰骋着

选择农学，追逐前人的脚步

"民以食为天，一个馍，一餐饭，关系着每一个人……"从小，郭大江就常常"听"姥爷讲述关于粮食的故事。作为一名农业机械工程师，姥爷的家中摆满了农机设计图纸和农机具零部件。耳濡目染之下，一颗关于农田的种子深深地扎根在郭大江幼小的心灵之中。待到高考选校之时，他毫不犹豫地报考了国内几乎所有的农业大学，最终被吉林农业大学录取。

粮食，是关乎国计民生的大事，也是世界性的问题，然而农学等相关专业却成了相对"小众"的专业。在很多学生和家长眼里，农学就是"面朝黄土背朝天"的职业，辛苦且"收益不佳"，不是"最优选择"。但郭大江却不这样认为，他说："农业科学专业未来的发展方向其实有很多，比如说农业顾问、农业科学家、生物技术专家、农业经济学家等，还可以细分向环境顾问、环境管理者、基因学家方向发展。"

郭大江所学的设施农业科学与工程专业，更是生物、环境、工程学等多学科交叉的新型学科，未来的职业延伸性更加宽广。"我是一个非常喜欢去动手、去尝试并钻研相关方面技术的人，未来我更希望能去钻研各种让农作物高产高质的方法。"郭大江在采访中谈道。顿了顿，他又补充了一句："就像袁隆平老先生一样。"

袁隆平先生是郭大江的终极偶像，作为"杂交水稻之父"，他的"禾下乘凉梦"也让郭大江心生向往。因此，早在大二的时候，郭大江就决定出国继续深造，继续钻研农业科学知识，提升自身的专业素养和综合能力，为国家农业发展贡献自己的力量。

从"硬"成绩到"软"实力，为梦想坚持不懈

在申请准备阶段，郭大江仔细查阅了世界农林类大学的排名以及农业科学专业在各院校的排名，重点关注了澳大利亚、加拿大、新西兰农林类大学农业科学专业的世界排名。"因为这些国家在农业方面不论是技术还是理论都非常先进，在世界上也是享有盛名，我想去学习他们的先进技术和前沿理论，不断开阔视野，增加自己的阅历。"

选定了几所心仪的目标院校，接下来就是为达成申请要求而努力。由于听力上的障碍，大学的教学环境需要郭大江慢慢适应。大一大二学年，郭大江的课程多以公共课为主，教室大、学生多，课上声音比小学、中学的课堂嘈杂许多。为了能让更多学生听清讲课的内容，很多老师会选择带个小音响去教室，这对佩戴着助听器的郭大江来说是更大的干扰。

诸多困扰让郭大江大一大二的成绩不佳，但他并没有气馁，依旧认真听课学习，随时记录下自己不明白的问题或知识点，利用"中国大学"平台学习并掌握白天老师教授的知识点。在决定未来出国留学之后，他更是拼尽全力，每

天早早去教室占领第一排座位，发现任何问题都主动向老师或者学长请教。周一到周五的教师办公室里，经常能看到郭大江求教的身影。功夫不负有心人，经过后两年的持续发力，郭大江的 GPA 有了质的飞跃，从第一学年的 2.11 提升到第四学年的 3.45。

除了在学业上坚持不懈，课外活动方面，郭大江也积极参与。在大一刚入学时，他加入了所在学院的学生会信息部，与同学们一起为学校宣传贡献一份力量。大二参加了由校方组织的速滑比赛和游泳比赛，分别取得了第一名和第二名的好成绩。滑雪的爱好也让他结识了更多的朋友。利用课外时间，郭大江组织了 70 多名滑雪爱好者到长春莲花山滑雪场滑雪，从前期场地规划、时间安排、中期发布招募消息、人员组织，再到现场滑雪知识普及、技术指导，几乎全是他一手包揽。过程虽然费心劳力，但也培养了他认真、耐心的品质，以及与同学们交流沟通的能力。在指导同学们学习滑雪，看着他们一步步逐渐掌握技巧的同时，郭大江的内心充满了满足与快乐。

在吉林农业大学就读的时光

语言考试，留学路上的最后一道坎

在日常交流过程中，郭大江基本与普通人无异，但听力问题就像"房间里的大象"，是他无法忽视的问题。佩戴助听器进考场对于雅思监考官而言是"作弊"的存在，为了能顺利参与雅思考试，郭大江按照雅思官方的要求，提交了听力障碍申请并提供多份医疗证明，终于被北京雅思考试中心批准可以佩戴助听器入场参加考试。

虽然雅思考试委员会尽可能满足特殊人群的需求——考场会为听障人士提供相应设备或单独开辟考场，使得这部分人群收听听力材料的条件跟健全人一样，但不会因此为他们降低分数标准。除此之外，郭大江还要学会快速适应耳麦和助听器的"磨合"。

外在的限制不可避免，内在的提升才是核心竞争力。为了尽可能地克服听力问题，郭大江除了专注听写雅思的官方听力材料，每天晚上还会利用一个小时的时间去看美剧。第一遍欣赏着看，了解剧情走向。第二遍、第三遍看的时候会刻意不去看字幕，努力地听懂剧中的人物在说什么。"前几次会比较困难，"郭大江表示，"但只要反复的次数足够多，听的内容足够多，慢慢就能听懂了。"

但这种学习方法很消耗兴趣，很少有人能短期内一遍又一遍坚持地重复观看同一部电视剧，即使它非常精彩。针对这个问题，郭大江表示要找好自己的兴趣所在，他说："我非常喜欢观看战争类的美剧或者英剧，比如《末日孤舰》等。其中包含了很多我喜欢的剧情，即使是一遍遍重复我也非常喜欢去仔细听、去观看，怎么也不会腻烦。但情景喜剧我就不是很感兴趣，觉得话题太平淡了，而且笑声太多会分散我的注意力。"

选择 Gap Year，利用好留学前的最后一段时间

2020 年的新冠肺炎疫情给全球公共健康安全带来了巨大挑战，澳大利亚为此实行了最严格的禁国令——非澳大利亚公民和非永久居民禁止入境。如果郭大江想无缝衔接上研究生的学习，他只能选择上网课，但这个提议很快被否

了。"我希望自己能在国外大学完整地度过我的研究生学习阶段。"郭大江说，"能更深入地了解澳大利亚先进的农业科学技术以及风土人情。"

即使选择了 Gap Year，郭大江也没有放松。他将这段时间安排得满满的，准备充分利用这段时间进一步提升自己。他计划继续在听说方面下功夫，每天勤加练习，进一步提高自己的英语水平和雅思分数。此外，他还计划持续钻研农业方面的书籍，提高自己在农业方面的综合能力。

2022 年 1 月，郭大江如愿收到了心仪大学——昆士兰大学的 offer。作为澳大利亚八大院校之一，昆士兰大学在教学和科研方面都享有国际声誉，而其中郭大江申请的农业科学专业在澳大利亚高校中排名第一。此外，黄金海岸的绝美风景也令他倾心，连绵的白色沙滩、湛蓝透明的海水、浪漫的棕榈林都让这个来自内陆的少年心驰神往。

2 月，澳大利亚宣布全面开放国境，这个消息也令他兴奋。出国留学对于郭大江来说可能并不是一条容易的道路，但他已经做好准备走出去，迎接更大的挑战。

汪洋

保持一颗好奇心，在澳大利亚探寻人生的更多可能

英国作家伊恩·莱斯利曾说过，好奇心是人类的第四驱动力。因为好奇，所以热爱探索，也因为好奇才能突破边界。汪洋就是这样一个充满着好奇心的人，她不喜安于一隅，也不愿故步自封在单一的学术领域之中，不断发现、触摸新的边界是她热爱并擅长的事情。

计划留学，渴望探索世界

自小，汪洋就是一个对一切充满好奇的人。她喜欢探索未知，也希望能领略到这世上不同的风景。正是因为这种性格，她很早便有了研究生阶段出国读书的计划。"虽然当时并没有想好要去哪个国家，去哪所学校读书，但可以确定的是，我一定要走出去看看这个世界！"

在大二暑期，她抓住机会，参与了由学校组织的游学项目，不仅拜访了加州大学洛杉矶分校、加州大学伯克利分校等加州大学系列高校，还在加州大学河滨分校就读了短期 mini MBA 课程，对于美式教育环境和教学方式有了更为真切的体验。这段短期的学习经历也更让她坚定了未来要出国留学深造的决心。

"在美国学习的那段时间给我最大的感触就是能有机会在海外校园里学习，与来自不同国家的同学交流，那一定是一件特别开心、特别美好的事情。"汪洋感叹道。

有了明晰的目标，汪洋在学习方面更加"卖力"，对自己的分数也有了更高的要求，利用周末时间对原本成绩不错的科目进行了重新学习，以期能进一步提高 GPA 成绩。连续三年，她都顺利地斩获了奖学金。

她还利用课余时间参与英语口语培训班。这个培训班并没有专注于对学员应试方面的训练，更多的是以多元化的方式帮助学员创造英语口语输出的环境，熟悉海外文化逻辑，理解海外读物的遣词造句和语境。

"这个培训班给了我很多不一样的感受，让我学到了很多不只是英语本身如单词、语法等的内容。"汪洋表示，"在课上，我们阅读了很多海外主流杂志，一起讨论实时热点等话题。老师也会鼓励我们开口，彼此用英语进行交流。现在看来，这个培训班对于我听说能力的锻炼都起到了很大作用。"

大四那年，汪洋将留学目的国家定为澳大利亚。校园环境、学科排名等成了她择校的关注点。"当时的想法还是挺'朴实'的，就想去一个校园又大、又美，地理位置又靠海的地方深造。"回忆起当年的择校理由，汪洋感慨万千，"后来发现，澳大利亚大部分高校都离海不远，最后就根据学校的特色、强势专业等综合因素来进行择校了。"

经历风雨，才能终见彩虹

澳大利亚知名院校林立，每一所都有其独具的特色和传统。其中，新南威尔士大学以计算机类专业和工程类专业实力强劲而闻名，此外，该大学坐落于悉尼市里，靠近海边，生活居住都十分方便。

远眺新南威尔士大学校园

在2021年QS世界大学排名中，新南威尔士大学位于第44名。该大学以商科和工科著称，毕业生就业率及起薪水平均位于澳大利亚前列。在2019年QS全球排名中，该校的工程学院位于全球第38位，全澳第一名。而汪洋所期望就读的信息工程专业也位列全澳第一。

为了能顺利直接进入专业课程学习，在大四的寒假，汪洋早早准备好托福成绩并向多所澳大利亚高校递交了申请。凭借着出色的 GPA 和语言成绩，她顺利收到了新南威尔士大学、昆士兰大学和莫纳什大学的 offer。

然而好事多磨。在本科毕业前的 5 月，汪洋突然收到学校发来的邮件，表示她所提交的托福成绩写作单项分数与专业要求仅差 1 分，然而此时距离学校语言班 6 月开学时间已经不远。考虑到无论读语言班还是复考都赶不上 7 月正式开学，汪洋选择延期至来年 2 月入学，并利用这半年的时间重新报考托福考试。

9 月，最新一次托福考试成绩出来，写作单项小分仍然仅差 1 分。面对如此境况，汪洋沉着应对，开始着手做两手准备：向托福官方申请成绩复议；报名学校的语言班并敲定寄宿家庭作为赴澳之后的过渡。

幸运的是，汪洋的托福成绩复议成功，惊喜过望的她退掉了语言班的费用。然而寄宿家庭无法退费只能延期，汪洋只得将寄宿家庭入住时间延至自己正式入学的时候。

"当时还为不能退掉寄宿家庭的费用感到挺遗憾的，"汪洋表示，"但没有想到这段经历竟成了我澳大利亚生涯独一无二的开篇。"

Homestay，别样的留学体验

2019 年 1 月，汪洋顺利赴澳，入读新南威尔士大学信息工程专业。

她的寄宿家庭位于悉尼郊区，距离新南威尔士大学大约有半个小时的公交通勤时间。女主人 Lisa 是一位美国移民，家里有三个已成年的孩子，一只叫 Rufus 的大金毛及两只可爱的猫：白猫 Bella 和黑猫 Milo。在汪洋第一天到来之时，她就受到了家中主人热情的接待，Milo 也主动上前靠近她。

Lisa 的厨艺非常精湛，她每周都会在白板上写出这一周的主菜名，每天还会准备一道特色菜。在那段时光里，汪洋品尝了多种多样的美国菜、墨西哥菜和法国菜，菜品色香味俱全，而这些美食也让初来乍到的她新鲜感十足。

汪洋拍摄 Lisa 一家品尝圣诞美食

　　"Lisa 家的家庭气氛和环境实在是太好了！除了我之外，当时还有一个来自新西兰的留学生寄宿，他从高中开始就寄宿在 Lisa 家，一直住到上大学了都没离开。"回忆起 Homestay 的经历，汪洋有些兴奋，也有些遗憾，"要不是因为距离学校有点远且交通不便，我也不想搬走。"

　　Lisa 家所在的社区环境幽静但远离城市中心，居民出行基本靠私家轿车，然而，刚刚来到澳大利亚不久的汪洋只能依赖公共交通。"我还记得最初的时候不太熟悉路线，第一次从学校到家用了两个小时！当时我都觉得有些崩溃。"汪洋笑着表示。

　　待到摸清公共交通路线后，汪洋寻找到了自己喜欢的回家方式。她会从学校坐公交车直达离寄宿家庭最近的商场，然后伴着粉紫色的晚霞回家。现在回想起那种美景来，汪洋仍然有些怀念。

粉紫色的晚霞伴着汪洋的回家路

虽然只在 Lisa 家住了短短的一个月，但汪洋与他们结下了深厚的友谊。直到现在，每一年的圣诞节，Lisa 都会邀请汪洋前去做客，一起庆祝节日，共同分享美国特有的节日美食——南瓜派。短暂的一个月不仅让她体会到了当地人的包容与友善，更对未来的生活有了新的向往。

在离开寄宿家庭之后，汪洋搬到了大学附近的房子里，并报名参与了学校的门徒（mentor）项目，这个项目旨在帮助初来乍到的学生缓解留学异国所带来的文化震荡，希望能将这种包容和友善传递下去。

潜心修学，在专业领域中体验他国特色

作为新南威尔士大学的王牌专业，汪洋所就读的信息工程专业分为四个方向分支，分别是数据库、数据处理、人工智能和网络安全。"我当时选择的是人工智能方向，这个分支其实很有意思，它有很多成熟的算法用来处理数据并对数据进行预测。"汪洋表示，"传统基于算法的机器视觉使用离散算法来识别特定形状，然而随着人工智能的发展，通过深度学习模型使得残缺物体和手写笔迹也可以识别。这让原本呆板的机器逐渐适应了变化。"

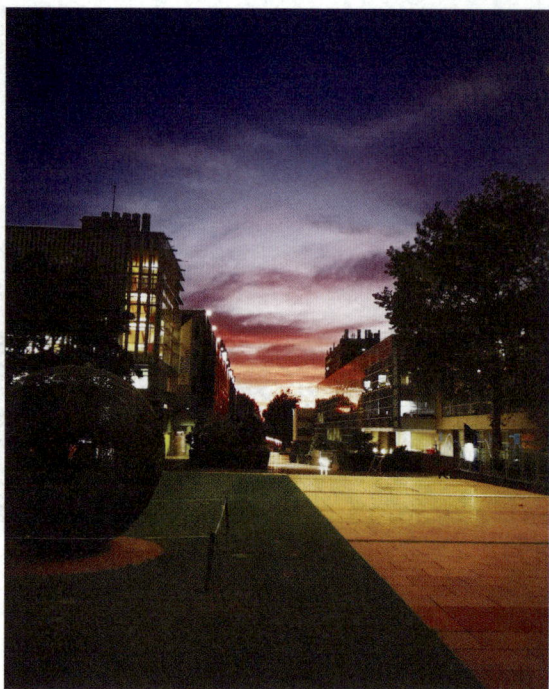

新南威尔士大学校园夜景

不负全澳第一的排名，工程学院对于学生课业的要求非常严格，在基础知识的教授方面也更有深度。由于汪洋选择就读的是授课型硕士，对申请人的专业背景没有特别严格的限制。为了方便一些没有计算机知识背景的学生学习，校方会开设一些基础课程帮助他们更顺滑地衔接到未来更难更深的内容上。

"这些课程我之前在本科期间上过类似的，但相较而言，新南这边讲授的难度会高一些，会讲得更深更细。"汪洋表示，"不过，除了要求对理论基础的掌握，新南对于学生上机实操也有相对应的考核措施，确保学生能完全掌握，我觉得这样还挺好的，更多实践的机会有助于对课程的理解。"

展望未来，新生活的开始

2021年夏天，汪洋顺利从新南威尔士大学毕业，并找到了一份工作。在外人眼里，澳大利亚的生活节奏似乎非常悠闲，当地居民福利丰厚，在那里生活并没有什么压力可言。但在汪洋看来，在悉尼生活和工作跟在国内一样，同样面临压力和困难，只不过他们更注重生活品质，也更强调工作与生活的分离。

对于未来，她说："人生不是按部就班的优秀，而是发现更好的自己。'生命是用来燃烧的，时间也是。有些人活了很久，像枯木一样，一辈子也没开出朵花来；有些人活得很短，却像篝火一样，温暖明亮又无比热烈。'我现在的目标就是追寻，寻找到属于自己的方向，心安而笃行。"

异国求学从来不是一件容易的事情，异国求职更是变数颇多，但汪洋觉得自己已经很幸运了。一路走来，她一直都在朝着自己想要走的方向前行，虽然中间会有一些不可控的变动因素存在，但是她所期待的目标都已达成。朝着大方向迈进，踏踏实实走好每一步，是她目前最想做好的事。

李龙悦

历尽曲折终赴澳求学，乐观的人生永远不会差

采访时，李龙悦的硕士课程已经过半，疫情后的澳大利亚一直没有开放国门，因此他一直都只能在蒙纳士大学的苏州校区就读。然而这却丝毫没有减少他对澳大利亚的期待，他和他的同学们一样，都期盼着疫情可以尽快过去，亲身在澳大利亚生活、学习或者工作一段时间，去体验这份迟到的异国经历。

海外大学的中国校园

2020 年新冠肺炎疫情暴发初期，世界各国之间的流动陷入停滞，很多国外大学为了能让国际学生继续学业，纷纷开设网络授课。随后，部分国外高校借助国内合作大学的力量，为中国留学生提供了可以在国内校区统一学习线上课程的模式，从而在现有条件下尽可能地营造校园的体验。

作为澳大利亚八大之一的蒙纳士大学，也通过于 2012 年成立的苏州校区（东南大学 – 蒙纳士大学苏州联合研究生院）来为这些本该赴澳大利亚就读的中国留学生提供教学服务。李龙悦便是其中的一员。2019 年开始筹备留学的他，经历了申请时的雅思停考、就读时的无法奔赴海外等困难。但是此刻正沉浸在知识海洋中的他，并没有把这些困扰过分放在心上，尤其是在这所挂科率极高的院校就读。如何规划好自己的课程、分配好自己的时间，如何让学习与实践更好地兼顾，这些才是当下最让他专注的事情。

蒙纳士大学苏州校区位于东南大学内，学校为目前在国内就读的研究生提供了一栋单独的教学楼。在这里就读的，有像李龙悦这样的新生，也有疫情前已在澳大利亚就读但后来无法回去的学生。大家会在这里一起上一些公共课，专业课更多的还是各自在网上学习。对于这样的安排，李龙悦并不失望，因为澳大利亚当地的大学校园也同样处于半封锁状态，即使去到澳大利亚，更多的时候还是在宿舍上网课，差别也不是很大。

李龙悦觉得无论是自己还是身边的同学，大部分人面对这样的状况时还是比较乐观的。虽然大家都很想到澳大利亚去上课，但是目前的现实情况就是如此，只能接受先在国内上课的现实。他觉得在国内上课也有好处，比如少了一些生活适应上的压力，可以更专注于学习，尤其在这样一所高标准的学校；遇到一些比较难的题目，通过互联网和同学交流起来也很方便，不会有孤立无援的情况。

李龙悦在蒙纳士大学苏州校区

想做一些对世界有意义的事

李龙悦本科期间就读于武汉的一所普通本科院校，如今可以在世界百强名校就读的他，曾经是一名高考复读生。和很多男孩子一样，高中和大学时期的李龙悦也比较"贪玩"，也曾有过不成熟和迷茫，但是他总能在不算太晚的时候意识到这一点，并在渴望成长的驱动下，努力去改变现状。

本科期间李龙悦学习的是电子商务专业。他的高中阶段正值国内互联网企业的快速发展期，互联网巨头的企业家们自信而成功的形象感染了他，而他也被这些人所从事的行业所吸引。"不只是他们拥有财富与地位，更多的是他们为世界创造了一些有意思、有意义的东西，比如说共享经济或者是移动支付，真真切切地改变了人们的日常生活。"李龙悦希望自己也可以像他们一样为这个社会创造一些价值，于是报考志愿时选择了电子商务专业。

大学四年，李龙悦参与了很多与专业相关的实践。曾经自己亲自组队，叫上志同道合的同学参加了全国大学生电子商务"创新 创意 创业"挑战赛。当时他们搭建了一个旅游出行 APP 的雏形——通过这个 APP，用户在某个旅游景点拍照，那么 APP 就会为用户呈现出这一景点在历史中的样子，并配有相关的讲解，最终这个项目获得了湖北赛区二等奖的好成绩。

大三的时候，他还参与了一家跨境电商公司举办的创新创业大赛，3—4个月的时间里，他一人在 Shopee 独立运营一家女装店铺。Shopee 是一家成立于新加坡的主要针对东南亚地区的电商平台。这对于一名中国在校大学生而言，可不是一项轻松的任务，一方面，学业不能落下；另一方面，在与客人交流的时候不仅要使用英文，而且大多数时候是晚上；而对于女装产品的陌生就更不用说了。这段时间确实非常累，但是经过努力和坚持，他经营的店铺成为当时的销冠，不仅获得了大赛的一等奖，这家公司还直接给他发放了全职offer，毕业后他可以直接入职。

后知后觉的留学计划

有了企业的 offer 在手，李龙悦感到自己的辛苦没有白费，至少大学毕业后的工作有了退路。但是在大四的时候，他仍决定继续深造。

关于想去留学的原因，他认为与南方家庭普遍重视教育的传统有关。身为江苏人的他，身边很多朋友都有出国留学的想法，而当地的家庭通常也是大力支持孩子的。

一开始他也想过考研，甚至还去上了一段时间的考研辅导体验班，但是感觉考研的科目自己不太擅长，考研的准备也比较复杂漫长，于是萌生了出国留学的想法。除了继续深造以外，他也很期待国外全新的环境，他认为探索世界是一件很酷的事情。

2019 年，李龙悦正式开始筹备留学申请，位于遥远的南半球的澳大利亚，在他心目中是一个很新奇的地方，他很想去那里看一看。但是在与辅导老师交流的过程中，老师指出了他的"硬伤"——GPA不够高，如果想申请名校的话，他必须利用大四最后一年把GPA提上去。

事实上李龙悦大学前三年并没有任何挂科，只是大一大二时部分课程的分数并不高，但由于那时并没有想过留学，也就没有对GPA过于在意。辅导老师为他制订了重修计划，挑选了一些课程，要求他至少提到90分。李龙悦每学期大概就有7门课，最后一个学期又额外多修了6门课，最终他将这些课程全部提到了90多分甚至满分，背后的辛苦可想而知。

疫情下的留学申请

除了重修GPA的繁重课业，雅思的备考对于李龙悦来说也是一波三折。起初他并没有考出符合蒙纳士大学申请要求的成绩，但是随着2020年初疫情的爆发，留学考试大面积停考，这为他的留学之路又增加了障碍。

李龙悦的本科院校就在武汉，但幸运的是，国内疫情在武汉暴发时他正好在老家过春节。但疫情的影响使得他的留学申请战线拉长了半年多，持续的备考、考试取消、开放后抢不到考位……都给当时的他带来了一些压力。随着身边的同学陆续找到工作、考研成功，大家都在为自己的未来努力着，而这时的李龙悦只能等待。这种压力和煎熬，同样是对他成长的考验。

从2019年11月到2020年7月，李龙悦陆续提交了澳大利亚3所大学的申请，蒙纳士大学的申请是最后递交的，也是他最期待留学的院校。虽然当时考出的雅思成绩还差一点，需要上一段时间的语言班，但是他觉得自己还是要争口气，再战一次。于是他跑到北京参加了一个月闭关的培训班，最终考到了合格的成绩。

然而，这个痛苦的备考过程中却有意外收获。李龙悦认为自己原本性格比较内向，话不多，尤其是经历复读的一年，使他整个人都比较闷。在此后的经历中他逐渐变得外向起来，大学时的实践活动锻炼了他的沟通与表达能力，在备考雅思口语的时候，交流能力更是得到了质的提升。

"因为雅思口语是要去主动表达一些观点，不仅是把它说出来，还要去不停地延展内容。我为了做到这一点，不停地练习，到后来都有点'魔怔'了。当时我对于生活中每天发生的事情，都会特别注意去延展内容，比如我今天吃了什么、干了什么、有什么样的感受……在脑袋中思考用什么方式表达，再结合一些手势，尽量以一种更风趣幽默的方式表达出来。最初这样只是为了考试，但练习久了，我发现自己从'装作'一个很健谈的人，最后真的变得很健谈。"

永远期待美好的事情发生

2021年4月，李龙悦正式入读蒙纳士大学，由于对互联网商务领域的热爱，硕士阶段的他选择了供应链管理专业。这个专业属于商科，研究产品从研发到生产制造、物流仓储、销售终端、消费者购买、客户服务等整条产业链的流程。

不过，由于一直无法赴澳，每当身边人问起他的情况来也都显得颇为好奇："不是说去留学吗？怎么在苏州上课？"最开始他还会去解释，到后来索性直接承认。李龙悦认为，当下认真学习知识才是最重要的，外界的环境无法改变，那就去适应和接受。"澳大利亚会为留学生提供2年的工作签，即使那时课程都结束了，我也可以过去积累一些工作经历，同时真正体验一下那边的风情。"更重要的是，他希望能在澳大利亚有一场真正的毕业典礼。由于2020年武汉疫情暴发，当年本科毕业的李龙悦并没有经历过线下的毕业典礼，这一直是他的一个遗憾。

2022年2月，澳大利亚全面开放边境。一直在不断关注澳大利亚政策的李龙悦早早做好了准备，第一时间奔赴澳大利亚。墨尔本秀美的风光令他沉醉，校园里绿树成荫、绿草遍地，常年温暖的阳光洒在那些造型夸张的校园建筑上，散发出内在的张力。虽然毕业时间已经临近，李龙悦在校园里生活学习的时间并不多，但这一切真实的感触都让他觉得远赴海外求学的经历是值得永远怀念的。

李龙悦在浮桥上领略城市风光，背后是墨尔本城市天际线

未来，李龙悦打算先积累3—5年的工作经验，瞄准并吃透一个行业，为自己寻找合适的创业契机。这与他报考大学时的想法一脉相承，他也相信在蒙纳士大学的学习可以对他未来的职业规划有所帮助。在他眼中，不可预知的未来并不会影响当下的行动。"商学是一门有趣的学科，它由深刻却枯燥的定义组成却又时刻脱离既定之规律。"这是他在蒙纳士大学里学到的"第一课"。目前，他正在积极地寻找实习机会，在实践中体会这些可能随时"脱离规律"的理论知识。他要为理想实现那一刻的到来而做好准备。

四

寻梦欧亚

金赫

留学之路道阻且长，坚持下去就能发现一片天

当一个人年纪轻轻却被告知罹患癌症，这是一种什么样的感觉？金赫说，他当时很平静。

著名心理学家弗洛伊德曾提出心理防御机制理论，当一个人面临巨大的灾难或创伤时，反而会感到平静、内心麻木。那时的金赫内心就是这样毫无波澜，既没有哀痛自己的不幸，也没有伤感自己的生命可能会较常人短暂，他只有一个念头：我是不是再也无法出国留学了？

未竟的本科留学梦

高中时期，金赫就是一个拥有留学梦想的人。原本，他计划去澳大利亚读本科，为了能申请到顶尖的大学，他早早开始准备文书材料和语言成绩，朝着理想按部就班地前进。即使到了现在，他还能清晰地记起那时候逐步靠近梦想的喜悦之情。

到了高三，突如其来的家庭变故打乱了所有的计划。那一年，他的父亲病重且病情急速恶化，整个家庭被沉重的气息笼罩。母亲平日依然是一副淡定的模样，维持家庭日常平稳运行，照顾他的生活和学习，同时还会兼顾照看父亲。虽然母亲没有明说，但她所肩负的压力，金赫都看在眼里。也是在那一年，他决定暂停留学计划，在国内参加高考。

虽然升学方向的转变有些仓促，但金赫的基础还算扎实，高考分数高出了当年一本线 10 分。这个成绩不好不坏，虽然不足以让他申请当地顶尖大学的热门专业，但也足够上一个不错的一本高校。最终，他报考了吉林财经大学民商法学专业。

本科没能出国留学，是金赫内心的一个小小遗憾。但做出留在国内上大学的选择并没有让他花费太多时间，他说："这个决定是我坚持的，我觉得以当时的情况，自己出国了反而是一种不负责任的行为，等于把家里面的事情都扔给家人去处理。我留下来还能帮忙照顾家里，照顾家人。"

吉林财经大学位于长春，在当地金融圈颇有名气。金赫原本是想学金融的，未来就业面非常广泛，后来被学校调剂到法学院学习民商法。一开始，他还有些不乐意，但还是去念了。渐渐地，他对那些外人看来枯燥的法律条文产生了一些兴趣，而这些"枯燥"的内容也陪伴了他后来入院就医的岁月。

悄然而至的命运玩笑

如果生活的考验在金赫升入本科之时停止，他肯定会在本科期间好好管理学业，保持良好的平均分，准备大学毕业后出国读硕士，延续之前未实现的留学理想。然而，命运依然爱和他开玩笑。

大二暑期，有一次金赫与母亲一同外出就餐，母亲敏感地发现他两边肩膀不一般高。彼时他已经培养出了健身的习惯，自觉身体康健，也没有任何异样感觉。金赫母亲"押"着他去医院检查，结果出来，他被诊断为甲状腺癌症三期。

根据国际抗癌联盟发布的 YNM 分期准则，甲状腺癌三期已经属于癌症中晚期。甲状腺内的肿块已经穿透甲状腺的薄膜，开始侵犯周围的组织。但由于甲状腺癌症的肿瘤生长速度可以说是所有癌症中最慢的，发现及时不仅治愈率非常高，治疗花费也相对较少，因此甲状腺癌也有"幸福癌"之称。

但再"幸福"的癌症也是癌症，任由其发展也会让患者面临失去生命的危险。很快，医院为金赫安排了手术治疗，并请当地最负盛名的外科主任为其主刀。伴随其后的，还有常规的癌症治疗——放疗与化疗。

现在回想起来，金赫很庆幸当年自己有健身这项爱好，不然可能无法熬过整个疗程。在放疗期间，他每天一个人生活在一个独立的治疗室里，不能与人接触。由于服用的药品含有放射性，医生或者护士需要套上 3 层防护服才会进入房间给他送药送饭。他的口腔、食道、胃部也因为吞服放射性药物而爆发溃疡。疼痛让他无法吃下什么东西，孤独也让他感到难熬。

整个暑期，金赫几乎都是在医院度过的。不知是个人体质还是什么样的原因，癌症病人最为常见的掉头发现象在他身上没有产生，而这意外地帮助他保守住了患癌的秘密。他的同学们鲜少有人知晓他的病情。"不想让朋友们为我担心，同时也有些害怕他们得知我的病情后会'区别'对待我。"

医学界用 5 年生存率来统计癌症病人的存活率。根据我国国家癌症中心在世界著名医学杂志《柳叶刀》上发布的中国癌症生存率大数据，甲状腺癌症 5

年生存率高达 84.3%，大多数甲状腺癌患者都有望得到治愈，从此过上正常的生活。在接受完手术和放化疗治疗后的金赫也是这样认为的。

然而天有不测风云，在一年后的一次复查中，检测结果显示金赫的癌细胞转移至甲状腺附近的淋巴，这也意味着之前的癌症手术失败了。

海外就医，自此深埋留学梦

大三的暑期，金赫家人决定送金赫至韩国医治癌症，他们踏上了海外就医的道路。

金赫是朝鲜族人，与家人沟通时经常使用朝鲜语。虽然朝鲜语跟韩语还存在一定区别，但对于日常交流而言已经足够。之前在国内的治疗过程给了他经验，再一次接受癌症治疗，在心理层面，他显得轻松很多。

二次癌症手术完毕，大四学年也即将开始。医生曾向金赫建议暂时休学，专心接受治疗，但他拒绝了这个提议。"不到万不得已，我不想耽误课程进度，休学的话我就不确定自己什么时候才能毕业了。"金赫坚定地说。

既要兼顾抗癌治疗，又要完成学业，金赫不得不两国奔波。在将近半年的时间里，他每周五晚上飞去韩国接受治疗，周日再飞回来准备下一周的学习。旅途的劳顿终究对他还是有些影响——他的 GPA 没能达到一般海外高校的要求，除此之外，每年的定期赴韩复查，让留学这个选项对于当时的他来说显得有些不合时宜。考虑再三，他再一次放弃了出国留学的想法，将留学的梦想深埋起来。

大学毕业后，他成功考入当地一家国有金融控股集团，开始了以稳定著称的国企"打工人"生活。

喜讯传来，梦想再度点燃

2018 年 6 月，已经安稳工作了 3 年的金赫赴韩做定期检查。此时，距离他第二次癌症手术已过去 5 年之久。当天，他所就医的癌症中心在做完检查后，当场为他开具了治愈通知书，这意味着他在术后的 5 年里没有肿瘤复发的迹象。拿着这份通知书，他惊喜交加，自以为已经放下的留学念头又悄悄涌了上来。

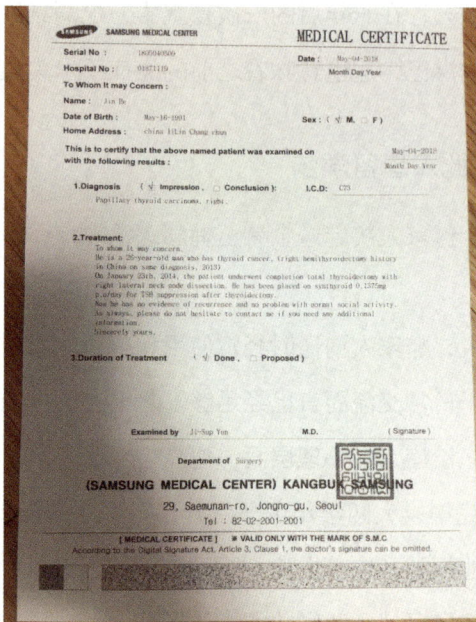

金赫的治愈通知书

考虑到年龄问题且仍然需要每年去韩国复查，金赫将留学目的国选定为英国。"英国硕士学制短，教育质量高，对于像我这种情况的求学者再适合不过。"他表示。从那时起，他白天上班，晚上学习雅思，同时也开始准备留学资料等相关事宜。连轴转虽然辛苦，但一想到能实现一直以来的愿望，他甘之如饴。历经半年的筹备，金赫顺利收到英国 4 所大学发来的 offer。

得知金赫已经拿到了英国高校的 offer，家里人很开心，但同时也为一个非常现实性的问题忧愁。即使金赫癌症已经痊愈，但他每年都需要去韩国定期复查两次。从英国到韩国直飞需要 10 个小时左右，而从吉林到首尔仅需 3 个小时，不论是路途上的时间还是飞机票价似乎都没那么合适。家里人建议金赫不如考虑一下韩国的高校。

彼时，金赫的姐姐已经在韩国工作并定居，她建议金赫可以尝试报考延世大学，那也是她的母校。综合考虑过后，金赫听从家里人意见进行了申请，毕竟身体才是学习的本钱。惊喜的是，延世大学很快给了他面试的机会。

金赫为这次面试好好地准备了一番，预设了一些面试中可能会问到的问题并加以练习。面试过程非常顺利，对于教授的提问他应对如流，英语与韩语切换自如。从现场的反馈中，他觉得这次面试应该不错。果不其然，不久后，延世大学给他发来了录取信，随信而来的还有全额奖学金，足以覆盖他一个学期的学费。

决定赴韩留学，人生得以梦圆

作为韩国"天空联盟"（S·K·Y）[①] 高校之一，延世大学对本土学生和国际生的评价标准都非常严格。就国际学生而言，延世大学会对申请者进行 4 个方面的面试考察，即语言成绩、工作经验、专业相关性及学术背景，每个部分各有 25 分，参与面试的教授分别对面试者进行打分，最后再形成一个综合排名。综合评分排名第一的学生，学校会给予全额奖学金的奖励，排名第二到第五的学生则是半奖。

延世大学校园风景

---

① 即由韩国三所著名大学组成的高校联盟，分别为国立首尔大学、高丽大学和延世大学。

作为当届唯一的全奖获得者，金赫受宠若惊。"如果说有什么面试技巧的话，大概是保持谦逊吧。"金赫笑着说，"然后就是回答尽量不要模板化，用自己的语言去构筑答案。"

面试中的优秀表现也为他得到了助教的工作机会。原来，当初给金赫面试的教授正是延世大学经营学院的主任教授。主任教授对他的面试经过和工作经历印象深刻，遂邀请他担任自己的行政助教。行政助教的工作很少涉及教学，大多负责撰写公告、分发材料、给本科生评分等琐碎工作。但有时他也会承担收集资料和数据、帮助教授搭建数据模型等科研工作。

延世大学的学习压力也非常大，教授们对于学生的课业要求很高，对高分的给予非常"吝啬"。在一门必修课上，曾出现过一次考试中学生均分只有42.5分（满分100分）的"惨烈状况"。因此在学习期间，金赫每天睡眠时间几乎不超过5个小时，即使在节假日，学校的图书馆里也能看到他努力学习的身影。"可能在心态上确实跟别的同学有差异吧。"金赫解释道，"因为之前的经历，留学这段时光对我来说是来之不易、难能可贵的，我不想浪费掉在这里学习生活的每一分、每一秒。"

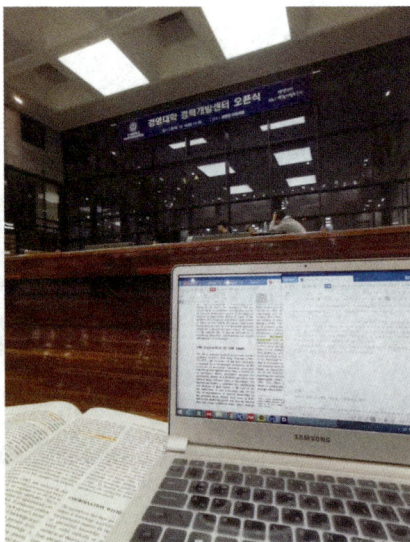

深夜，还有很多学生跟金赫一样在学校教学楼里学习

虽然留学生活忙碌而又辛苦，但对于金赫来说那却是人生中最快乐同时也是最有意义的一段时光，世界名校所展露出来的强大资源和实力也让他的眼界更加开阔。

延世大学经营学院在全世界的商学院里一直是顶尖的存在，不论是本科学习还是硕士培养，学校都会倾尽资源尽可能地为学生提供学习机会。在经营学院学习的本科生都会必修一门全球大型企业实习课程，学校会为学生联系世界知名企业如美国的摩根士丹利、中国的腾讯及阿里巴巴等进行参观实习，并提供 1—2 个星期的机票食宿，让学生们能充分体验在名企工作的魅力。对于研究生，学校则会提供全球企业治理课程，该课程与日本东京大学、中国上海交通大学一起联合授课、轮转教学，三国学生共同探讨商业理论模型、合作案例研究，互相交流有无，一起碰撞思想的火花。"能拥有这样的机会，我觉得是非常难得的。"金赫总结道。

在韩工作，奔赴明朗未来

2022 年，已经毕业的金赫成功进入一家韩国本土知名的新兴独角兽企业工作并顺利转正，速度之快也是出乎他自己的预料。"可能积攒已久的好运气真的来了吧。"金赫开玩笑道。

韩国公司的招聘流程异常烦琐，申请人需要根据目标公司要求写一封自荐信，大概在 2000 字左右，之后还需要撰写一份非常详细的简历，细化到需要写明每段教育经历所学的全部课程的学分。简历通过后，申请人需要参加由目标公司组织的人格智商测试，考验申请人是否能在未来融入公司文化。考试通过后还需要经历 2—3 轮面试才有机会进入公司开始实习期。三个月的实习期间，公司会给予申请人一个课题，申请人需要根据这个课题在公司管理层进行演讲，并接受评分，通过之后才能成为正式职员。

"手里的牌不好，不能成为退出牌桌的借口。"金赫一直信奉这句话。不管命运带来怎样的考验，只要坚持对自己的期望，就一定能过上自己想要的生活。

在求职的过程中，在国内的工作经历也给予了他非常大的助力。"在韩国，找一个有国内工作经历的中国人很难，大部分都是在这里留学然后毕业找工作的，我因为有国内的工作经验，所以优势明显。"金赫表示。

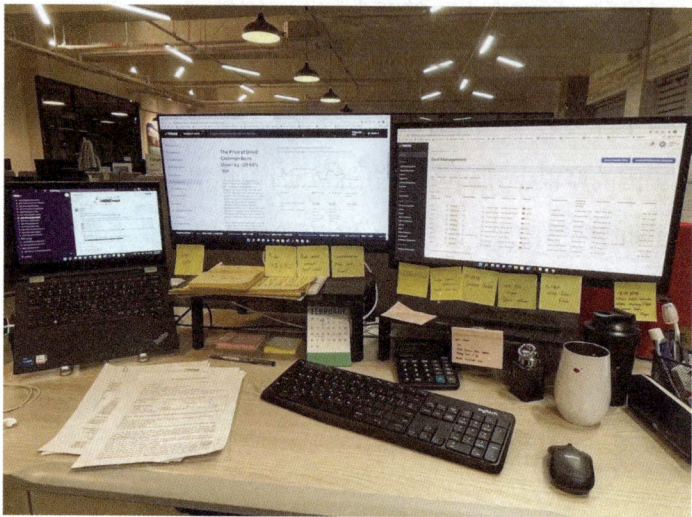

金赫日常的工作情景

现在的他已经开始带领团队，独立负责中国地区所有原材料的进出口业务，随着业务条线的增加，团队成员也从5人逐步扩至11人，他也成为公司的骨干，未来的职业发展光明无限。

他的身体状况也早已稳定，而他依然坚持着健身的习惯，经历了病痛之后，他比谁都了解身体康健的重要性。同时，他对自己也有了新的期待，他希望在未来能创立一个NGO（Non-Governmental Organizations，非政府组织）基金会，在精神健康方面帮助更多的人。"我曾经在医院遇到一个病友，他在美国波士顿大学医学院学习，非常优秀，还差半年就毕业了，但因为种种事情内心压力很大，不堪重负，人生徘徊不前。当时身为朋友，我真的觉得非常可惜，这么优秀的人因为心理原因没有办法完成学业。我有时候也在想，如果这样的人能够得到治愈，他将为这个世界带来多大的财富啊！所以我希望自己以后能有能力多帮助这类人克服困难，使他们重新找回属于自己的生活。"

崔欣然

勇于挑战自我，用精准的专业匹配叩开名校大门

2021 年 7 月，崔欣然正式奔赴新加坡，在南洋理工大学就读。在经历了 5 周的线上授课后，学校恢复了线下授课。在采访时，根据新加坡疫情防控政策，学校刚刚又改为了线上授课。因此大多数时候，她只能在宿舍上网课，偶尔出门进行必要的生活采购。然而，这一切并没有减少她对这段留学旅程的信心，她仍坚定地要在疫情中的新加坡完成学业。

非名校的冷门专业，却成为名校敲门砖

崔欣然本科就读于四川外国语大学的越南语专业，高中是文科生的她一直以来都对语言相关的专业比较感兴趣。而作为一个云南人，家乡与东南亚国家地理位置接近，有较多的贸易往来，从小生活在这样的环境里，自然也对东南亚的国家比较有好感。同时，国家"一带一路"倡议的推行，带动了中国与沿线国家之间的往来与合作，更是让她坚定地选择了越南语这个专业。

正是越南语的本科专业学习经历，加上一直以来的规划准备，成为她申请南洋理工大学亚洲研究专业的重要砝码。据崔欣然介绍，南洋理工大学的这个专业相较其他热门专业，在录取上比较特殊，招生官更看重学生的相关经历是否匹配，在其他条件上可适当放宽，比如同专业的有的学长学姐雅思只有 6.5 分，而官网上的录取要求雅思至少得到 7 分，但那位学姐因为其他综合实力很强同样被成功录取了。

入学后，崔欣然有机会和当时录取她的招生官交流，她得知自己之所以能被录取，主要是因为本科的专业背景，以及拥有和专业背景匹配的论文发表，这让学校认为她具备相关的学术能力。从该专业往年录取情况来看，在小语种专业背景的学生中通常以马来语、印度语居多，使用马来语、印度语的国家与新加坡有着密切的往来；从学校的角度来讲，一直比较缺少对越南地区的相关研究，然而越南作为当今全球快速增长的新市场之一，学院的教授们对于越南相关研究也是很感兴趣的。

此外，新加坡属于岛屿国家，而越南属于半岛国家，对于东南亚地区的研究而言，这两种地形的区域，整体的发展模式是完全不同的，老师们也非常想从越南的角度开展现在的东南亚研究，因此学院也很想找一名对越南有所了解的学生。在这样的契机之下，作为一名"双非"生的崔欣然，成功地被这所亚洲知名学府录取了。

新加坡滨海湾花园夜景

新加坡小印度街景

偶然触发却深思熟虑的留学决定

在刚上大学时，崔欣然本打算在国内考研或者直接参加工作。会产生留学的念头是因为一件看似非常偶然的事——在大一暑假一次看《中国好声音》节目时，一名参赛选手分享了自己在美国留学经历中的感悟，瞬间触动了她。"毕竟我学的是一个东南亚的语言专业，觉得应该切身实地地来到东南亚这边，无论哪个国家，去进行一些更深入的了解，无论是对我学的专业，还是对于一些自我认识，都会有更大的改变或提升。现在回想起来，当时《中国好声音》中那个选手的分享只是一个导火索，其实我心里可能很早之前就已经有了这个想法，只是当时自己并没有意识到。"

崔欣然把留学的想法告诉父母后，他们并没有因为女儿看了一集综艺节目就产生了留学的念头而否定她的想法，而是将主动权交给了她自己，并让她去认真地对留学这件事进行研究。对于自己的情况能够申请到什么样的学校有了初步的判断后，再与父母一起交流、共同决策。"当时他们就说，他们是不会帮我去了解的，该有一些自己的思考和去了解问题的能力了。"

于是，大二一开始，崔欣然就开始主动搜集留学国家和院校的信息，并对比各个留学服务机构，这个前期研究的过程让她对于留学的情况进行了系统的梳理和理性的思考。在这个过程之后，她越发坚定自己的想法，而她的父母也选择了无条件的支持。

早筹备，相信自己、勇于挑战

关于留学的筹备经历，崔欣然认为自己能够成功被录取，最大的因素就在于早决定、早筹备。正是因为做决定比较早，她可以较早地确定自己的专业发展方向，然后根据自己的专业背景去寻找适合的目标院校和专业，并有针对性地进行学术上的准备。

崔欣然在递交申请的时候，除了新加坡南洋理工大学，她还同时申请了香港城市大学和香港中文大学深圳校区，并且都拿到了录取通知。之所以同时选择中国香港和新加坡，也有对于自己专业规划上的考虑——这两个地区的政治观念都比较中立，自己的专业方向是与国际关系相关的，如果去到英美国家学习相关专业，所学的观点可能会比较偏向于西方，不够客观。

此外，新加坡也是崔欣然最喜欢的国家之一。她从小在云南长大，由于云南和新加坡地理位置接近，身边的家人朋友大多去过新加坡并讲述过这样一个小而美的国家。她也非常好奇，这样一个小而精的国家是如何做到高度文明和发达的，因此很想去那里接受教育。

然而，在冲击名校的过程中，崔欣然也并非没有对自己产生过怀疑。在11月就递交了南洋理工的申请，直到第二年6月才拿到offer，在长达半年的等待中，自己先后拿到了香港两所学校的offer，又看到身边的同学考研成功或者找到了心仪的工作。在这段只能选择等待的时期，她也曾怀疑过自己是否将目标定得过高。"我心里也憋着一股劲，很多人都说'双非'生怎么上得了这种世界名校，但是我觉得自己一定还是要相信自己的。"

如今回忆起来，她认为自己能够成功入读名校，除了早准备和精准的定位之外，最重要的就是坚持相信自己，勇于挑战更高的目标。如果没有这样的尝试，又怎能获得就读名校的机会呢？

南洋理工大学的教学中心，因其独特的外观和超前的设计理念，
被大家亲切地称为"小笼包"

"小笼包"层层叠叠的内部结构，错落有致地镶嵌了 56 个圆形教室，这种设计增加了空气流通，减少了空调的使用，充分体现了环保的理念

令人紧张又放心的新加坡

崔欣然初到新加坡时，当地的疫情控制得比较好。

新加坡的全程疫苗接种率已经达到 92%，在户外公共场合已不强制佩戴口罩，但在并没有专人去监督的情况下，大多数国民仍普遍自觉佩戴口罩。政府的相关政策也比较完备，假如不幸确诊了，也会有一系列的方式来保障确诊人员的生活和康复，这让崔欣然对在这里继续学习生活有了信心。

更多的时候，崔欣然还是沉浸在自己的学业中，她所就读的新加坡南洋理工大学国际关系学院，是南洋理工大学中华人比例较低的，身边有来自各国的同学。与中国学生普遍本科毕业就直接读研不同，国外的同学更多的是已经拥有了工作经验，比如她的同学中很多在政府部门任职，他们对于知识的理解也会更加透彻，并且会将在这里所学的知识实际运用到他们的工作当中去。

平时的上课中，很多时候学生会自行开展政治、经济和文化方面的研究，老师更多的是一个辅助的角色，但是他们也会提供热心的帮助。假如学生自己有感兴趣的方向，即使不是围绕政治经济方面，只要是亚洲方向，老师都会给予很大的帮助，放手让学生去做一些相关的研究。

由于崔欣然就读的专业在职的学生比例比较高，因此授课大多安排在了晚上，学校也会主动和公交公司协商延长公交收班时间或者调整线路，来帮助学生下课后回家。在校园环境和设施的很多细节上，也都处处体现了学校的用心。

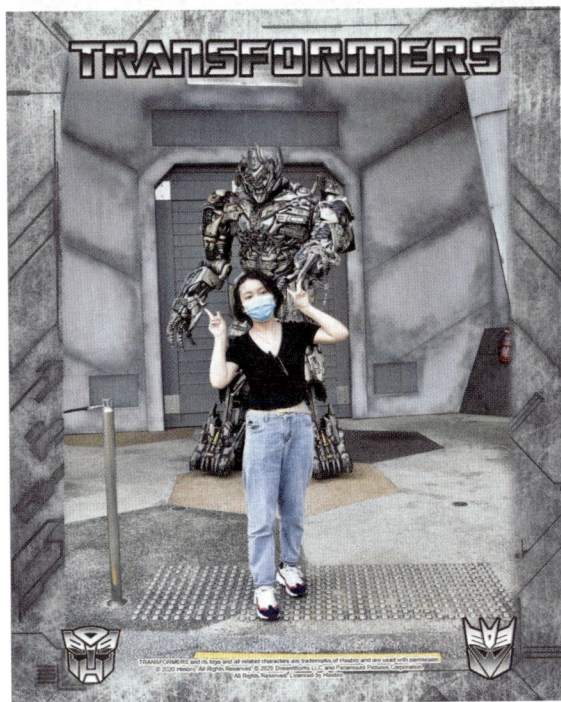

崔欣然在新加坡环球影城

东南亚,"一带一路"下的新兴市场

关于毕业后的规划,崔欣然想过继续读博再进入大学校园任教,或者先去互联网公司积累一段工作经历,这样的规划主要是基于她的专业背景。虽然父母更希望她能继续读博,但是她自己还是更倾向先去互联网大厂的平台开阔眼界。

在等待南洋理工大学 offer 的半年里,崔欣然就进行过互联网直播公司的相关实习,主要负责越南语主播的招募。事实上,诸如直播、电商等互联网企业目前都开始向东南亚市场发力,相较于国内已经比较成熟的市场,东南亚国家则有着更大的发展潜力,而在国家"一带一路"倡议的推动下,未来更是前景可期。

本科时选择的一个看似冷门的专业,成就了崔欣然从普通高校走入世界顶级名校,同时未来更有机会进入到一个快速发展的新兴市场的人生。这些都离不开她清晰的自我定位和长线规划。找准自己的定位,勇于挑战更高的目标,这或许就是让自己变得更优秀的诀窍。

边智芸
赴日留学，投身于材料学领域只为创造更多可能

目前正在京都大学攻读材料学博士的边智芸，来到日本已有 3 年多时间了。从本科"双非"院校到国内 211 高校，再到世界排名前 50 的学府深造，她一路追梦，一路探索着材料领域里的未知世界。

"虽然有人说材料学科研难度有些高，就业面相对有些窄，但我从本科到现在一共学习了 8 年多的时间，发现材料学其实并没有大家说的那么'天坑'，还挺适合我的，做实验能让我的心安静下来。"边智芸如是说。

研一期间，萌发留学念头

边智芸之前从未想过出国留学，原本的规划是读研毕业后进入职场找工作，但当她刚进入福州大学的校园时，就遇到了一件改变自己未来学习旅程的事情。那一年，福州大学与日本大阪府立大学首次联合开设硕士双学位交流项目。

一直以来，日本政府对材料研究高度支持，对培养年轻科研人才格外重视，这使得日本在材料学等工科上的表现非常突出，在全球最高精尖材料技术方面更是享有超强实力，成为众多求学者憧憬的梦想平台，这样的学术与实验环境对正在材料学领域深造的边智芸产生了强大的吸引力。

福州大学的交换学校日本大阪府立大学是关西地区的一所公立研究型综合大学，建校于1883年，是继东京都立大学、大阪市立大学之后，日本规模第三的公立大学，师资与排名在日本工科院校里都很有竞争优势。此时，边智芸萌生了想要迈出自己的舒适圈看看外面世界的想法。凭借专业第一的优异成绩，她获得了导师推荐，得以参与该项目。

由于材料学很庞大，分支细，研究生二年级阶段需要选择某一个细分领域跟着导师进行深入学习，因此学校为参与交流项目的学生提供了一份日本导师和实验室的名单，每位导师的研究方向均有不同。其中，纳米材料是边智芸非常感兴趣的方向。纳米材料作为科研热门之一，在多领域被普及，发展前景很好，也因此，她选择了研究纳米材料的实验室作为自己未来的求学方向。

出国前的准备比较繁杂，边智芸难以同时兼顾两边学业，因此在研一下学期，在和导师沟通后，她可以暂缓国内课题的研究，先去阅读日方教授的文献，了解其实验内容，同时备考雅思，为留学申请做准备。

该研究生交换项目是福州大学和大阪府立大学的首次运行，在推行过程中会遇到一些新问题，比如日方老师对交换学生持谨慎态度，邮件互动少；交换学生毕业时需要同时满足中、日两所高校的毕业要求如撰写两篇论文、发表专利等，这些对于交换学生都是不小的挑战。由于缺乏可借鉴的案例，边智芸只能一边遇到问题，一边和老师交流，想办法解决。而此时，身边对这个项目感兴趣的同学大多转为观望的态度，但不想轻言放弃的边智芸依旧鼓励自己再坚持一下。她相信机会要靠自己抓住。

福州大学每年暑期都会为本科生提供一个去府大的短期交流项目，为期一个月。边智芸没有迟疑，和学校老师商量后，她报名参加。研一结束后的暑期，她来到了府大校园，也找到了她想申请的教授研究室。

来到研究室，她感受到了日本严谨安静的科研氛围，此时教授正在进行当下纳米材料中一项十分热门的研究，边智芸对新环境感到欣喜，迫不及待地投入到了短期交流学习中。她积极参与研究室课题的讨论，勇敢表达自己的观点，这期间，教授看到了她的认真态度和学习能力。面对未知时敢于挑战的勇气，对纳米材料的热情与独特思考和扎实的专业知识储备，这些都给教授留下了很好的印象。在短期交流结束时，教授热情地欢迎她早日入学，边智芸非常开心。"虽然萌生留学想法很突然，准备过程中遇到未知情况时也会感到茫然，但还好一切都慢慢克服了。"

短期交流结束后，边智芸回国准备签证和学业对接等事宜。由于是第一届研究生交换项目，课程衔接方面准备得不是特别充分，她没来得及提前进行日语的学习，仅仅是学习了零星的日常口语就准备启程。

初入他乡，体验留学新生活

在日本，读硕士的学生被称为修士，等同于国内的研究生，而日本的研究生则是指修士入学前的旁听生，他们大多需要经过半年或一年的学习，来提升语言和专业水平，以应对较为严格的修士入学考试。

2019年初，边智芸抵达府大，开始了在日本的修士学习与生活。

受惠于交换项目，府大尽量为参与项目的学生提供英语授课课程，学生只需提供合格的雅思成绩即可直接入学。虽然使用英语就可以保证自己大部分的学习和日常生活，但边智芸还是觉得不太方便，她开始利用早晚的碎片时间来一点点学习日语。"毕竟我还是要在这里生活的，日语终归是最方便直接的沟通方式。此外，我们有部分的课程还是日语授课，学习日语也是一个必要的过程。"

虽说边智芸已经抵达日本，开始了在府大的学习生活，但她还要兼顾国内还没有修完的学分，每一天都十分忙碌。只有全天的课程结束后，她才有时间到研究室去做实验。

大阪府立大学科研设备非常齐全，每个同学都能独享一套器材。同时，她也感受到了日本人严谨认真的做事态度。"他们对仪器、药品和实验室的管理工作也非常到位，收纳整齐就避免了因物品杂乱带来的困扰，在实验过程中使用各种器具都得心应手。"作为研究室里唯一一名留学生，边智芸得到了教授和同学们的热情帮助。"前辈们会给我示范实验操作，解释仪器设备怎么用，日本同学还会带着我去办银行卡，帮我翻译，大家聚餐时总会叫着我一起，这些都让我觉得很温暖。"

在日本，便利店、自动贩卖机随处可见，日常购物非常方便。日文汉字的写法与中文使用的汉字有很多相似之处，逐渐地，边智芸开始融入到了异乡的生活中。

边智芸在日本关西大阪城

继续深造，开启更大的世界

在修士学习期间，边智芸逐渐对无机和有机结合的课题产生了浓厚的兴趣，她心中萌生了想要继续深造的想法，希望能在喜欢的研究领域里多一些学习和成长。

她申博的理想学校是知名学府京都大学（简称京大）。京大是一所世界级顶尖研究型综合大学，自 1861 年办校之日起，就非常推崇自由与自主的科研学习氛围，着力培养学生的判断能力和独立自主精神，至今诞生了 11 位诺贝尔奖得主，巨擘辈出。世界上第一位黄种人诺奖得主汤川秀树曾在京大任教，这里也被誉为"科学家的摇篮"。

边智芸想要申请的材料学，正是京大的优势学科之一，在 2022 QS 世界大学学科排名中位居第 25 名，其优质的教学质量和前沿的科研理念，吸引了更多申请者的涌入，因此近年来录取难度居高不下。虽然竞争非常激烈，但边智芸还是想为了理想努力拼搏。她回忆起选择材料学专业时的初心："本科时我接触了材料学，从起初的未知懵懂，通过一步步的学习和实验，它逐渐成为我的爱好。不管是一个简单的实验，还是一个报告、一篇论文，我都想尽力把自己该做的做到最好。"

明确目标后，边智芸开始了申博前的准备工作，她投入大量时间，浏览京大各研究科的主页，了解指导老师的专业方向和研究课题。她在每天查资料看文献的过程中，学习到了很多专业知识和先进理念，对自己喜欢的有机无机结合领域有了更深入的理解。因为材料学里的分支很多，她修士就读的无机纳米方向和申博时想报考的方向存在很多不同，她陷入思考：如何向学校展示自己具备跨领域的学习能力，进而从众多申请者中脱颖而出呢？

边智芸了解到，日本博士生入学前需要拿到导师内诺和通过入学考试（包含笔试和面试）。内诺制度是日本硕博申请时独有的一项内容，即申请者首先给教授发邮件，展示自己的成绩、院校背景、简历、科研项目，如果获得了教授的 offer，这样入学的概率可以达到 80%；如果特质平平，邮件很容易石沉大海。从本科起，边智芸便保持着很好的专业成绩，每年都获得学校优秀学生奖学金，加上出国前的实习经历和留日期间参与研究室的科研项目，她希望通过多年的坚持与努力，向京大证明自己对材料学的热爱与学习能力。

边智芸向京大的三位教授投递了邮件。她回忆道："有一位老师有望冲击诺贝尔奖，他的研究室非常强，聚集了很多佼佼者、博士后。"即使她觉得申请门槛比较高，但还是抱着试试的态度给这位老师发了邮件，几周过去了，却没有等来教授的内诺。边智芸感到有些遗憾，不过她没有气馁，打起精神继续申请。功夫不负有心人，她的第二份邮件很快收到了回信，看到教授长长的回复与真诚的邀请，她的内心备感温暖。9 月修士毕业后，边智芸如愿在 10 月走进了京大校园。

每一步努力，都助己走向喜欢的人生

京都有着悠久的日本传统文化，因远离政治中心和繁华闹市，也为学者能潜心治学提供了理想场所。京大校园建在山上，被优美的自然环境环绕，校园里安静和不慌不忙的教育科研氛围，让边智芸感受到了关西"优哉游哉"的生活方式。

和边智芸一样，她的博士生导师也有过一段跨国留学的体验。教授曾赴美深造，之后回到日本高校任教，他很愿意接受外国人，尊重学生们的自由意志，提倡学生和教授平等讨论，会给学生充足的时间去做真正感兴趣的研究，自由开放的氛围为边智芸带来更多动力。

在博士学习期间，边智芸体会到了用平稳心态去解决问题的重要性。"科研实验时，每天都重复一样的工作，难免会感到枯燥，但每次我都能看到教授们脸上平和的微笑，没有抱怨没有焦虑，这给我带来了很大的触动。"因此对于将来科研学习或是生活中可能会遇到的难题，边智芸相信好的心态可以改变事情发展的方向。

现在的她，正沉浸在感兴趣的研究领域里，探索着更多未知与快乐。她喜欢早规划早应对，为了博士毕业时顺利一些，她在博一阶段就做了大量实验，为写论文做准备。

人生是一场马拉松，只有一直坚持才能跑到最后。抛却外界的浮躁，忠于内心的热爱和选择，这大概就是边智芸执着于材料学科的初心所在。谈及毕业后的打算，她表示自己想要回国发展，对未来的工作也有了清晰的方向。"国内一些公司正积极投入半导体材料领域的研究中，期待自己能成为当中的一员。当然如果有机会，我也希望能申请进高校，把我所收获的专业知识和国际教育见闻，传递给更多喜爱材料学专业的学生。"

瞿佳妮

职场人重回校园，

从"双非"二本逆袭亚洲第一传媒硕士

上海女孩瞿佳妮，如今是一家 web3 区块链行业的全球营销经理，同时也是一个热爱生活、性格直爽的短视频博主。在此之前，她深耕于电影行业已有 7 年，积累了丰富的工作经验，在电影渠道外宣方面是个"行家里手"。然而，内心总有个声音驱使她想要去外面看看，去体验不一样的生活。

工作 7 年，重拾留学梦

2010 年，瞿佳妮考入上海师范大学广告学专业。她性格开朗，擅长人际沟通，这使她在专业学习上如鱼得水。而传媒学理论、消费者洞察、创意内容制作等专业课程，也为她带来了未来职业规划方面的兴趣指引。

影视行业是她最终决定"落脚"的地方。"我很喜欢香港电影，本科毕业后自己开了一个自媒体电影号，主要就是分析香港电影的拍摄，给他们做影评。更加机缘巧合的是，我找了一个香港电影公司的新媒体专员工作，感觉影视行业的氛围跟自己也很契合，就一直在这个行业里深耕下去了。"

然而，此时的瞿佳妮内心还有个小小的想法，她想要出国留学。不过考虑到自身所就读的本科院校实力相对普通，而想要申请国际排名较高的院校不仅需要申请者具有专业成绩上的"硬实力"，还需要具备实践经验方面的"软实力"。思索再三，她决定暂时搁置留学计划，通过一段时期的工作来丰富自身经历，快速实践应用和扩充所学专业。

瞿佳妮在 UME 院线总部工作时

职场中的瞿佳妮格外努力,她用心对待每一项工作内容,在喜欢的影视传媒领域里细细耕耘着。她相信"只有在细节上用心,大事上才能做好"。从新媒体文案策划与运营专员,她一步步成长为一家国际影城的市场经理。在此期间,瞿佳妮参与过知名电影的 IP 开发,举办了多场有影响力的影视文化活动……在不断的积蓄中,她的工作执行力和处事思维都获得了很大的提升。

虽然在常人看来,彼时的她已经收获了不错的工作履历,但瞿佳妮却有不同的感受。通过 7 年的职场打拼,她意识到终身学习的重要性,认为职场人需要时常"充电"来增强自身的综合竞争力,同时她希望能提升自己的学历,去更大的平台进行专业深造,为日后的职场发展做准备。

回想起本科毕业时没能完成的留学心愿,她决定不妨再尝试一次,或许工作几年后再回到校园中,学习会更有方向性,还能体验一下不同的生活方式,拓展眼界,丰富未来的职业与生活规划。

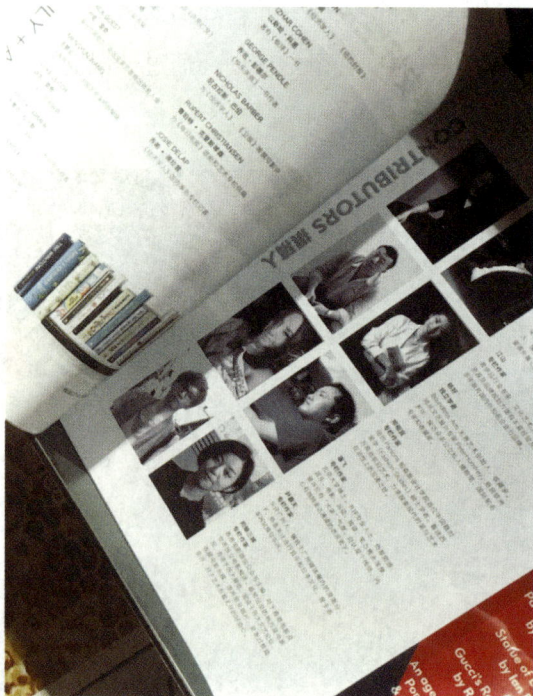

瞿佳妮担任香港电影(hkmovie)微信公众号撰稿人 & 主编

与时间赛跑，苦尽自会甘来

决定已下，瞿佳妮立即付诸行动，她相信路是走出来的。她收集了亚洲地区的院校资料，其中新加坡的南洋理工大学和新加坡国立大学吸引了她的注意。

新加坡处于亚太中心，但作为英联邦成员国之一，其教育体制有效地结合了东西方教育的优势，做到了真正的"东西结合"，这也使得新加坡高校的传媒学专业课程理论，既汲取了英美国家先进前沿的学术理念，又注重结合亚洲市场与受众的落地案例。从专业发展角度考虑，瞿佳妮认为这样的课程内容更适合自身的职业所需，实际应用性更高。

同时，在 QS 世界排名中，新加坡这两所院校的综合实力与专业实力都很有竞争优势，虽然录取难度较高，每年不乏国内知名高校的学生申请，但因其大众传媒专业比较看重工作经验与能力，要求申请者是具备 3 年工作经验、专业实操性强的职场人。这为瞿佳妮带来了机会，她想奋力一搏，向新加坡这两所学府进发。

在大多数人眼里，新加坡是个以华裔为主的国家，2021 年新加坡人口普查数据显示，华裔人口占据了新加坡总人口数量的 74% 左右，其他占比则由马来裔、印度裔和其他种族人群组成。为了能够将不同民族的民众联系在一起，早在新加坡国父李光耀制定宪法之时，就规定了英语、汉语、马来语和泰米尔语都是官方语言，而英语作为通用性更强的语言，被规范为行政和工作语言使用。因此，新加坡的学校均使用英语进行授课和日常工作。

明确留学国家后，瞿佳妮开始了高密度的语言学习，以期能从众多申请者中脱颖而出。然而，进入职场之后，瞿佳妮已很少使用英语，上学时积累的听说能力也慢慢退化。但为了能实现自己的留学梦，她一点一点地挤出时间学习雅思。即使周中下班回到家已经是八九点钟了，她仍坚持把晚上休息的时间投入到英语学习中。周末的时间是最为珍惜的，她可以利用整块的时间对英语薄弱点勤加练习，通过不断地背单词、练听力、做真题来重温英语语境。

考虑到一边工作一边备考时间相对紧张，瞿佳妮给自己制订了严格的目标，比如给自己制订学习时间，并且在规定时间后参加的考试需要达到既定分数。她希望能通过严格的时间规划来推动自己提升学习专注力，并积极寻找一些高效的学习技巧。"有时候不逼自己一把，都不知道自己可以多优秀。"

为了能快速适应西方文化表达语境，瞿佳妮通过朋友介绍，结识了一位正在英国的留学生，每周与其进行一到两次的口语训练。留学生家教还会为她布置作文题目，并进行批改和讲解。逐渐地，瞿佳妮掌握了更加地道的英语表达方式，对英语也产生了学习热情。在她看来，语言不再只是一个交流工具，其本身就充满着诸多乐趣。

经过数月的辛苦备战，瞿佳妮终于迎来了第一次雅思考试。受疫情影响，很多考试被迫取消。她时刻紧盯着考场开放时间，幸运的是，她抢报到了一次在宁波考试的机会。此前认真的付出有了回报，她的第一次雅思成绩就达到了申请及格线6.5分，但为了增加自己的竞争优势，她决定再试一次。经过第一次考试，她对自己的水平和能力有了一个大致的把握，在之后的备考中，她对自己的短板进行针对性的补足。一个月后，她再次站上了雅思考场，收获了平均分7分的好成绩。

接下来，就是申请材料的准备了。瞿佳妮认真梳理了多年来积累的丰富的工作见闻，她希望这些经历可以成为自己独一无二的特色与优势。随后，她向两所心仪院校——新加坡南洋理工大学和新加坡国立大学投递了申请。

经历了数月的等待，她成功斩获了南洋理工大学黄金辉传播与信息学院（WKWSCI）媒体与传播学专业的offer，该专业在2022年QS大学专业排名中，已跃居亚洲第一，世界第16位。这一刻，她百感交集，回想起一边工作一边备考，同时还要不断补充申请资料的过程，她说："虽然难免辛苦疲惫，但坚持不懈地实现心愿，一切付出都是值得的。"

职场人回到校园，在留学生活中充实自我

"自强不息，力求上进"是新加坡南洋理工大学的校训，因此，该校非常注重教育理念和学术理论上的与时俱进、不断开拓，力求能为世界各地前来求学求知的莘莘学子提供丰富优质的教学师资与前沿的学术理念。

2021年7月，瞿佳妮抵达新加坡，她和同班的中国同学合租了学校附近3室1厅的公寓，一切都是全新的开始。然而很快，她们就感到语言上的"不适应"。作为一个多种族、多元文化的国家，新加坡当地人说话的口音有别于常常听到的英美音调，语法表达也略有不同，在日常生活中经常会遇到语言交流的障碍。为了能更好地融入当地生活，瞿佳妮留心去听，一个月后，她逐渐适应了新的语言环境。

瞿佳妮公寓楼下的游泳池

除了接受全日制学生，媒体与传播学专业也提供非全日制的学习模式，只不过学制会从 1 年延至 2 年。考虑到有工作和兼职的学生，该专业大部分课程都安排在了晚上，白天则成为大家通过自学摄入知识和完成作业的时间。

在新加坡读书的日子里，瞿佳妮的每一天都过得很充实，繁忙的课业促使她阅读大量文献书籍并收集资料。作业形式也多种多样，有千字以上的论文，也有短视频拍摄剪辑，还有要求小组完成的计划书或演讲。"老师对我们的作业质量要求特别高，那时候我几乎每天都奔波在各种作业之中。"瞿佳妮感叹道，"不过，这些作业也促使我不断学习和思考，对能力的塑造和知识架构的完善很有帮助！"

令她最为印象深刻的，是一门叫作 Fundamental Communication（传播学基础理论）的课程，为期只有 2—3 周。这门课程的特色是由老师提供有关公司市场的模拟案例，引导学生以当事人立场去应对危机。生动有趣的案例剖析，吸引学生们纷纷开展头脑风暴，大家将各自的工作经验运用于课堂中，瞿佳妮还主动分享了很多中国优秀的营销案例，与大家一起讨论。一个创意应用该如何根据不同的市场因地制宜地去优化，不同见解的碰撞迸发出很多别出心裁的思想火花。

"这个专业很多课程都是基于实战的，提供了许多亚洲范围内的传媒研究内容，我觉得对我未来的工作大有裨益。比如，我就协助我们学院拍摄了宣传视频，将课程上的知识切实转化到实际项目的操作上。此外，班里同学有新加坡本地的，也有来自马来西亚、印度、越南的，大家的文化背景、职业经历都不同，从彼此的交流中我能学习到很多不一样的思维方式和专业经验，也能对东南亚市场增加更多了解。"瞿佳妮表示。

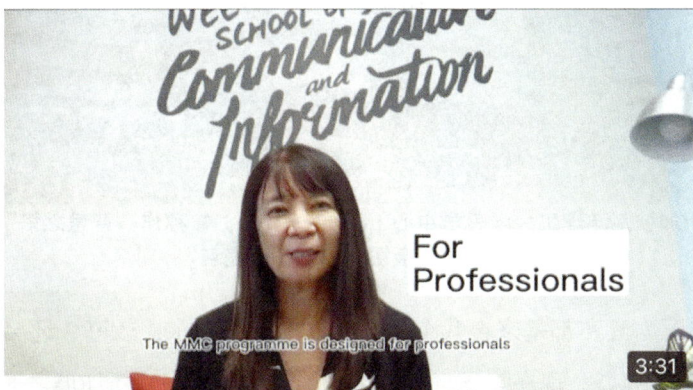

瞿佳妮所协助拍摄的宣传视频

跳出既定模式，尝试新事物

"新加坡真的是一个包容、多元、热情的地方！"谈起对新加坡这个国家的印象，瞿佳妮感叹道。本地同学热情好客，经常会约留学生们一起出去玩儿，带他们感受城市街景文化，了解自己的国家。新加坡市中心的维多利亚风格和日式建筑，以及见证着华人南下移民历史的牛车水（新加坡唐人街），都给瞿佳妮留下了深刻的印象。

南洋理工大学的校园活动也多姿多彩，为学生提供了诸多兴趣工作坊、面试技巧教学小组等丰富的课外活动，这些都让瞿佳妮感到新鲜有趣，也缓解了她的一些内在压力。

新加坡南洋理工大学教学中心 Learning Hub，被称作"智慧之塔"，也被大家亲切地称为"小笼包"

"这些压力其实都是来自我个人，我对自己的要求比较高，还会去提前思考未来的职业规划。现在职场竞争也越来越激烈了，在来新加坡之前，我是希望能通过留学寻找到未来合适的发展空间的。"不过，在和同学们的接触交流中，瞿佳妮的想法在慢慢转变，"我班里的新加坡本地同学有很多都年龄比较大了，早已积累了丰富的社会和职场经验，如今重返校园进行深造更多是出于兴趣，而不是来自职场人的学历焦虑，这一点让我很受触动。"

何为更有价值的人生？瞿佳妮一边思索一边行动。"如果能借助媒介功能，把有益的经验分享给更多需要的人，何尝不是一件有意义的事情？"于是，在第一学期后的假期里，她开始尝试经营个人视频号，以短视频的形式分享自己的经验和见闻。其中，留学申请经验、阅读心得、职场技巧都成了点赞数很高的笔记内容。

　　谈及这段留学经历带给自己的收获，瞿佳妮表示，最大的感受是在看到不同国家不同人的生活方式时，自己的视野也会随之被打开，收获不同的价值观，进而对自己的生活规划多了一些源自内心的思考。

　　放慢脚步，探索远方。虽已暂别职场一年，她却收获了更多信心和专业领域里的成长。未来生活里，她将继续为实现自由生活和自我价值的平衡而探索，不断丰富生命里的可能性。

张羽

工作后再出发，用努力换得幸运的工科女孩

张羽的留学筹备之路并不十分顺利，中间也产生过放弃的念头。有一年的时间，她完全停止了备考，甚至去找了一份和自己原本的规划相去甚远的工作。但她最终还是重拾信心，继续前行，获得了超出预期的名校录取，体验了一段别样的学习经历。从毕业工作到留学申请，再到疫情之下的学习过程，她总是用"幸运"来形容自己经历的一切。

选择了工科专业的女生

张羽的本科专业是热能与动力工程，硕士则是在我国香港理工大学的机械工程专业就读。交谈的过程中，她的声音十分温柔，很难想象她居然是一个打心底里就十分热爱这一领域的女孩儿。她认为这可能是受到了身为工程师的父亲的影响，从小就十分喜欢从事和动手操作有关的事情，也很喜欢与逻辑思维和推理有关的专业。"小的时候，一般女孩子都很喜欢玩娃娃，但是我就更喜欢搭积木。我很喜欢自己动手去做，比如我现在还很喜欢玩高达之类的模型。"

张羽的高达模型

很多学习了工科专业的女生，会选择通过考研或留学来学习文商科的专业，从而转型到一个"更适合"女孩子的专业领域。但是张羽十分喜欢自己的专业，从工作到继续深造，一直都坚定地走在这条路上。兴趣往往能为一个人走得更远提供强大的动力。

工作后渴望继续拼搏

2021年，张羽从世界排名第66位①的香港理工大学（简称港理工）毕业。人前风光的背后，其实经历了很多艰辛与付出。

高考结束后，张羽先是到了一个专科学校学习工业热工程控制技术，这本来是父母替她选的专业，认为工科比较好就业，但是学着学着她却发现对这个专业越来越感兴趣。毕业后通过校招，她成功地进入到了一家地处广东的电力公司担任热控工程师，整整工作了两年，并在工作期间通过函授的形式完成了本科阶段的学习。回忆起这段工作经历，张羽认为不仅这帮助她积累了与所学知识对应的实践经验，而且在实践的过程中更加坚定了自己要继续在这个领域发展的决心。

张羽第一份工作所在的电力公司

但是工作两年后，她希望自己可以再向上拼搏一下，获得更大的发展平台。当时张羽所在的电力公司只属于中型规模，周围年轻人也不多，离家又比较远，于是她选择了暂时回到重庆老家进行休整。当时她刚刚回到老家，听说

---

① 数据来源：2022年QS世界大学排名。

隔壁邻居家的一个哥哥去香港留学了，她忽然意识到人生不只有工作这一条按部就班的道路，留学也是一个能够提升自己的办法，能让自己见识到更大的世界，留学的想法也因此而萌生。

并不顺利的雅思备考

张羽是在 2018 年开始筹备留学的，原本她计划申请 2019 年入学，然而却一直没有考出达到要求的雅思成绩，这让她非常沮丧。"当时连着考了两次都没有考出来，我也有些心灰意冷了，于是就想要不先去找个工作吧，先让自己平静下来。"

备考的时候，张羽经常在星巴克学习，她一直很喜欢那里的氛围，于是就去应聘了星巴克的咖啡师。"其实我有一点容易焦虑，我当时也在想自己是不是不太适合出去读书。那我就在星巴克试一下。"面对女儿的选择，父母内心虽然希望孩子可以坚持，但是看到孩子的信心受到了打击，精神状态也不好，也就没有干涉她暂时去星巴克工作的决定。张羽暂停了雅思备考，在星巴克专职工作了一年。出乎意料的是，这段经历却让她重拾了信心。

在星巴克工作的张羽

"那里的工作氛围很好，领导对我也很照顾，我获得了很多客户的肯定和周围同事的肯定，我很喜欢那段时间。"张羽在星巴克的工作不仅仅是我们传统印象中的咖啡制作，还包括销售技巧、员工培训，等等。在这里，她认为自己的语言表达能力和待人接物能力有了很大的提升；同时，团队中有比自己大一些的哥哥姐姐，也有比自己小的弟弟妹妹，在和不同年龄同事的接触、合作中，在与客户的沟通和各种问题的处理中，她获得了个人的成长及上级的认可。在这些认可中，她找回了自信的自己，开始重新思考自己的留学之路。

重拾信心，终获成功

"那时，我又开始觉得我的人生应该再冲刺一下，去追寻更大的发展平台。"在星巴克工作一年之后，张羽重启了雅思备考。

这一次，她终于考出了如愿的雅思成绩，并在不久后出乎意料地收到了港理工的录取通知。"那天真的是开心到爆炸！"回忆起这段小插曲，张羽觉得自己非常幸运。谈起被成功录取的原因，她认为离不开自己在专科和本科期间保持的不错的 GPA，以及拥有与申请专业匹配的工作经验。"一定要清楚地认识自己想要的目标，这样才能根据目标再进行针对性的努力。比如你已经有了工作经验，那就要看这段工作经验是否能匹配到你想申请的专业，我觉得这是提高申请成功率的一个很重要的点。"

由于疫情的影响，第一学期张羽是在国内上的网课，一开始她也不太适应。她选了一些自己在本科阶段并没有接触过的课程，之前连中文版的课程都没有学过，现在一下子要在英文授课环境下学习，感到压力非常大。那段时间每次上课前，她都会先在网上查找视频和资料去学习，把一些推导公式自己先预习一遍，再去跟着老师一起上课。"就相当于我边学研究生的课程，边补了一些本科生的课程。有的同学本科时就学过相关的课程，他们就比较轻松。"虽然累一点，但她还是通过自己的努力付出做到了。

2021 年初，随着疫苗的逐渐普及，张羽终于可以前往香港的校园学习了。

由于香港的疫情防控也比较严，港理工虽然开放了校园，但是依然保持着线上授课的模式。不过张羽可以和同学们在学校的图书馆一起学习线上课程，图书馆也为学生们提供了带隔断的座位，让同学们既可以在一起上课，又降低了感染的风险。"可以和同学一起上课就很有学习的氛围了，我们做作业也是一起在图书馆，遇到什么不懂的查起资料来也非常方便。我们学校图书馆藏书很多，而且电子图书馆特别好用。"

香港理工大学图书馆为学生提供的自习场所

对于需要大家合作的项目性质的作业，大家戴上口罩依然以小组讨论的方式完成。"有一次老师让我们做一个战斗系无人机的设计，我觉得特别有意思。老师会先讲飞机大概都有哪些具体参数和设置，然后我们小组的5个同学各自分工，再把这个飞机的模型，包括机身参数、起飞参数等都做出来，最后小组一起展示。"谈到自己在港理工就读的机械工程专业，张羽又一次用幸运来形容自己。老师的授课方式和课件呈现都让她很满意，尤其是惊讶于网课的形式也可以将课堂互动充分发挥，老师教授知识也是由浅入深，学习起来很容易吸收。"我们老师的教学水平和科研水平都很高，我无聊时会去网上查一下老师们的背景，然后就被震惊到了。"

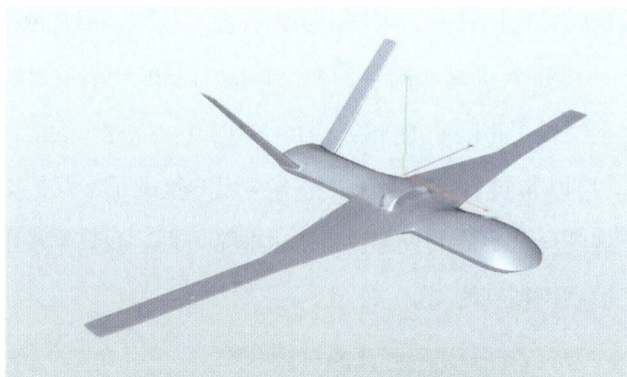

小组成员共同完成的战斗系无人机模型

疫情下别样的学习体验

对于去香港学习，张羽的父母也一直十分支持，他们认为无论如何都应该拥有这样一段真实的校园体验。疫情防控下，原本很多的娱乐活动无法进行，即使是外出吃饭，香港的餐馆最多只能够 4 人一小桌，并且晚上 10 点后绝对不接受堂食，只能打包带走。

在香港时和同学们一起游玩

然而，特殊时期下的香港变得不再拥挤，游客少了很多。在这里，张羽和同学们也有了在课余时间亲近自然的愉快体验。香港周边岛屿众多，平时做完作业或者周末，大家会一起去周边的小岛游玩，有时还会去划一下皮划艇。现在毕业了，张羽与这段特殊时期一起坚持赴港学习并一起玩耍的朋友们也结下了深厚的友谊。

目前，张羽已经结束了硕士课程回到内地开始了求职。这一次她的目标是电力行业的新赛道——目前国内 70% 以上的发电厂是火力发电，但是这种模式会造成大量的碳排放，引发一系列环境问题，在全球气候变暖的大环境下，国家正在大力推动如光伏发电、风力发电等自然能源的发电模式，从而减少二氧化碳的排放。电力行业正在经历着变革与创新，而张羽也十分期待投入到这样的变革之中。

每个闪光的人也都曾是普通人，会经历普通人的失败与遗憾，会迷茫，也可能曾短暂放弃。但如果能最终调整好自己，继续向前迈进，或许就能收获张羽所认为的这种"幸运"。

肖文静

从专科生到港理工，努力与坚持迎来最好的逆袭

因为高考意外失利，肖文静被一所位于武汉的高职院校录取，自此，学历成为她心中的一道伤疤。也是从那时候起，学历变成了推动她不断求知和进取的原动力。凭借着这股心气儿和坚持，她以第一名的成绩专升本至湖北经济学院，毕业后又成功申请到了香港理工大学的商业管理硕士，并获得 25 万港元全额奖学金。

高考失利，不得已入读专科院校

2015 年的夏天，肖文静拿到了她的高考成绩，距离本科线差 15 分，这一成绩无疑意味着，她要和本科院校失之交臂了。

虽然感觉很遗憾，但那时的她对本科和专科的区别较为模糊，于是很快就接受了现实，将目光投向了专科类院校。一开始，她并没有打算到外省去上学。第一轮选校，她填报了省内 6 所比较好的专科院校，然而杳无音信；待到第二轮选校，她咬咬牙又填报了 5 所省内院校和 1 所省外院校。意外的是，肖文静恰好就被这所省外专科院校的市场营销专业录取了。

作为一个土生土长的四川人，刚到武汉的那段时间，肖文静非常不适应，一想到今后的 3 年基本会在湖北生活，思乡的情绪就涌上心头。在学业方面，通过对专业内容的不断学习和深入，与老师们针对专业性问题的不断探究，她渐渐明晰了学历不同的人在未来发展上的差异，也是从那时起，她下定决心一定要让自己有所突破，不能囿于学历方面的桎梏。

铁杵成针，努力终会赢得回报

受家庭的影响，肖文静对于企业经营和营销方向一直非常感兴趣。近年来，互联网的繁荣带动了电商的兴起，肖文静也因此创办了一家实体店以及对应的线上淘宝店，作为一个小小的创业实践。

虽然经营的产品比较小众，客群受众不多，但胜在管理起来相对简单，产品附加值也较高，因此店铺一直能维持在一个收支平衡的状态。通过运营这个小小的店铺，肖文静不仅可以体验经营方面的实际操作，更是一个理论指导实践的过程与尝试。临近专科毕业，她的小商铺面临地域限制以及产品同质化等问题，无法拓展业务。因此，考虑到未来发展，肖文静在报选专升本时选择了电子商务专业。

　　从市场营销转到电子商务，对于肖文静来说不只是专业方向的转变，更是对学习能力和自我管理的一次挑战。除了常规的语文、数学和英语科目，专升本考试还会考查学生的专业课水平，而与电子商务相关的专业课，肖文静此前甚少涉及。

　　为了弥补这方面的缺失，备考期间，在专业课的学习上肖文静几乎投入了全部精力。此外，她还花费大量时间用于英语的听写、刷题和背诵范例文章，虽然这些方法在大多数人看来很"笨"，但她却觉得效果显著，而这些"笨办法"也为她后来的雅思学习奠定了良好的基础。

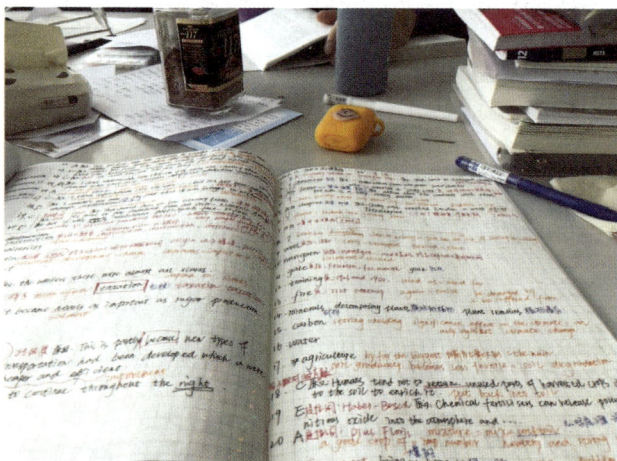

记满了单词和要点的英语笔记见证了肖文静的拼搏和努力

　　繁忙的学习冲淡了她对家乡的思念，原本一星期就要回家一次的肖文静逐渐减少了回家的频次，把更多的时间放在学业上。功夫不负有心人，最终，她以第一名的成绩成功升本至湖北经济学院。

破茧成蝶，在提升学历的道路上勇往直前

　　即使成功升至本科，肖文静依然感到不满足。从四川家乡到湖北武汉，她体会到中国国土的广大，也领略了更多美丽的风景。经过 3 年的历练，她不再是那个经常想回家的小女孩，她想要看到、接触到更加广阔的世界。

香港，一个繁荣而又不失复古气息的城市。灯火璀璨的维多利亚港，充满市井烟火气的油麻地，随处可见的车仔面、冻柠茶……每一丝气息都浸透着老港剧的味道。香港，也因此成了众多人的向往，而肖文静就是其中之一。

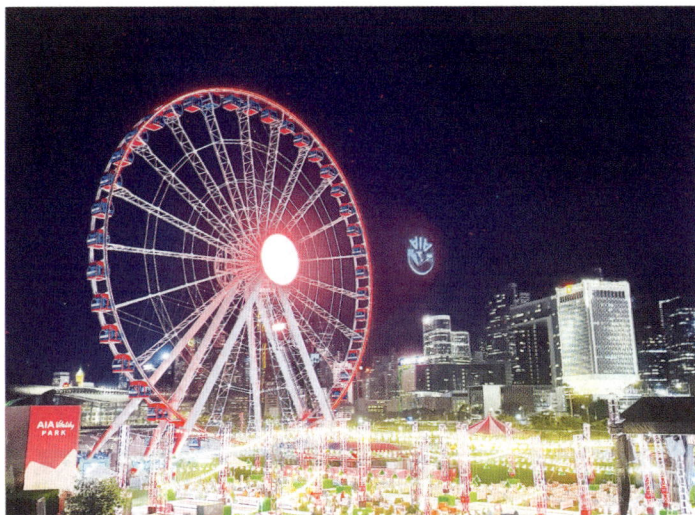

香港的 AIA 摩天轮，位于维多利亚港的新地标

刚刚入学本科的第一年，肖文静就着手准备香港高校的研究生申请。专升本后的本科阶段学制非常短，她需要用 2 年的时间完成正常本科生 4 年的学业，因此课业十分繁重。然而，即便学业压力如此之大，她依然没有停止对留学香港的渴望。

只要是没课的时间，肖文静都会泡在图书馆学习，不论是必修课还是选修课，她都认真对待，努力提升和保持自己的 GPA，最终以专业第一的优异成绩毕业。同时，她积极备战雅思考试，沿用之前备考专升本的学习方式，不断地磨耳朵、练嘴巴、刷真题、找经验。"我的写作和口语相对其他两项来说比较弱，对于复杂而华丽的语法构成，我运用得不够熟练，口语也不是很流利，但我觉得我的优点在于敢写、敢说。"肖文静表示，"我写的句子可能不够华丽，但我能保证想表达的内容是清晰准确的；我的口语也不是很好，说不了很复杂的词句，但我敢于开口、敢于表达，我觉得这就是我最大的优势所在。"

经历三次奋战，她终于拿到了香港高校要求的语言成绩，并赶在申请日期截止前递交了香港各大高校的申请。

由于自身学历的特殊性，过往的求学经历让她在拥有985、211高校背景的学生面前，显得有些"不够看"。然而，肖文静依然不愿意放弃自己的升学计划，"我还是想抱着期待试一试"。

在接下来的日子里，肖文静每天都在忐忑中度过。她清楚自己的短板是什么，却也隐隐期盼校方能够通过她的经历发现她的闪光点，给她一个证明自己的机会。

这个机会很快就来了，香港理工大学给她发来了邮件并提供了一次笔试、面试的机会。凭借扎实的专业理论基础和丰富的实践经验，肖文静顺利通过了笔试，接到网络面试邀请。

香港理工大学夜景

在正式面试之前，她已经模拟面试很多次了。她从网上找来每一个可能会被问到的问题，认真写好答案并反复背诵，花费大量时间去打磨自己在面试时的语音语调和举止形态。在肖文静的iPad上，有很多她自己进行模拟面试时的录像，她会将自己练习时的样子录下来反复观看，不断复盘自己是否存在不妥当的地方。有一次，她发现自己在思考时会不自觉地坐在旋转椅上转动，她觉得这个下意识的动作在正式面试时可能会显得不太雅观，因此，她在窗户上贴上"禁止转椅子"的警示标语，时刻提醒自己在面试过程中注意言谈举止。

面试当天，凭借着敢于开口的一腔孤勇，肖文静没有怯场，整个过程，她跟前来面试她的教授们聊得非常开心。其中一位教授当场建议她去尝试申请奖学金，并表示她是一个很不错的"苗子"。抱着尝试的心态，肖文静在面试之后向学校递交了奖学金申请，令她意外的是，她成功获得了25万港元的全奖。

在往后的日子里，她也思索过为什么她能得到奖学金。她的同学们不乏985、211甚至是世界百强高校的背景，但唯有她和另外一个来自重庆大学的学生获得了全奖。"或许是我准备得很充分且敢于表达吧！"肖文静调皮地表示，"当然还有一个原因是得到了老师的提醒，看来多跟学校老师们沟通也是非常重要的一件事啊。"

赴港就读，圆梦时刻到来

初到香港，肖文静就被闷热的气候"打败"了。作为一个土生土长的蜀地人，即使在湿热的四川，她也从来没有长过痘痘，结果到了香港直接"闷痘"。在四川，大家通过吃辣来祛湿驱寒，而此刻，肖文静一点吃辣的欲望都没有，她说："在这里吃辣不仅不祛湿，还上火。"

香港理工大学校园一隅

虽然在气候上稍有不适，但对海的渴望胜过一切。由于自小生长在内陆，肖文静对海有着天然的好感。她很喜欢吃海鲜，而香港的海鲜相对便宜又新鲜，这让她喜不自胜。

香港理工大学位于香港九龙半岛红磡，举办过数百位巨星演唱会的红磡体育馆就位于此区域。

学校地理位置优越，交通非常便利，校园设施也非常现代化。肖文静所就读的商业管理专业侧重于对高级管理人才的培养，重视提升学生的综合管理能力，涵盖组织管理、市场营销、经济学、金融、会计以及运筹学等实用性很强的课程。该专业的教授们也都有丰富的经验，拥有一定的从业经历。他们不仅做学术、讲理论，还会融合案例和实战经验到理论知识点里，帮助学生去理解。课余之时，教授们还会分享自己有趣的工作经历，学习氛围十分融洽。

虽然学制只有一年，但肖文静的课业并不轻松。第一次面对全英文授课的她有些力不从心，那些金融、会计类的专有名词，就是换做中文来学习，都有些涩于理解，何况全部都是英文。幸好，教授们都了解这个专业的学生背景比较杂，也很体谅他们对于有些专业的知识可能不是特别熟悉，因此都会有意放慢讲授的语速，保证学生们能够听清。

此外，同学们闪闪发光的学历背景也让初来乍到的肖文静有些自我怀疑："他们中间有很多本科时就在海外高校就读了，而且在课堂讨论的时候发现他们也都好厉害，对问题的思考方向和观点令我耳目一新，真的感觉能从他们身上学到很多，反过来就觉得自己还有很多不足之处。"但很快，她就渐渐放下了内心的担忧。"每个到这里来的人都有自己的闪光点，我相信我也有自己独特的光芒。"肖文静自信地表示。

也许是此前特殊的求学经历让肖文静在为人处世方面更加低调而谦逊，在小组讨论时，她会让每个小组成员都有发挥自己强项的空间，让每个人都有被认可、被看见的"高光时刻"。久而久之，同学们都很喜欢跟她结成一个小组，大家互相协作，共同完成课题。而这种团结的氛围，也让肖文静很顺利地进入到研究生课程的学习节奏当中，成为这个专业大家庭的一分子。

回首过去，展望未来

在肖文静看来，赴港留学的这段时间是她有生以来最为快乐的时光。留学不仅给她带来了另一种体系的管理思路和知识，也让她的眼界变得更加开阔，考虑问题也变得更加全面而有深度。

"这种感觉我无法用言语来形容，我收获了特别多，不仅是知识、学历，还有很多朋友，我感觉自己特别幸运能有机会去香港读书，结识到了我的教授们和同学们。"肖文静感慨道，"教授们对我们真的特别好，除了关心我们的学业，也很在乎我们的生活和未来，给我们很多建议和指导，让我们受益终生。"

离开香港前，肖文静与朋友们一起在维多利亚港庆祝顺利毕业

如今，肖文静已经毕业回到内地，准备以自己的店面为基础去探索更多的商业模式，寻求更多可能性。虽然不知道自己会不会成功，但她会拼尽全力去摸索、去尝试。正如她所说："人生就是要多经历、多体验，这样才能不断突破自己，不断成长。"

25 位留学生的经历给当下对未来迷茫的学生和家长朋友们带来了启发和建议，而 5 位曾有过留学经历的高校教师也以独特的视角寄语计划留学的学子们，希望能提供更好的借鉴。

附

圆梦高校

蒋国武

留学澳大利亚的语言名师，
十年如一日坚守逐梦之路

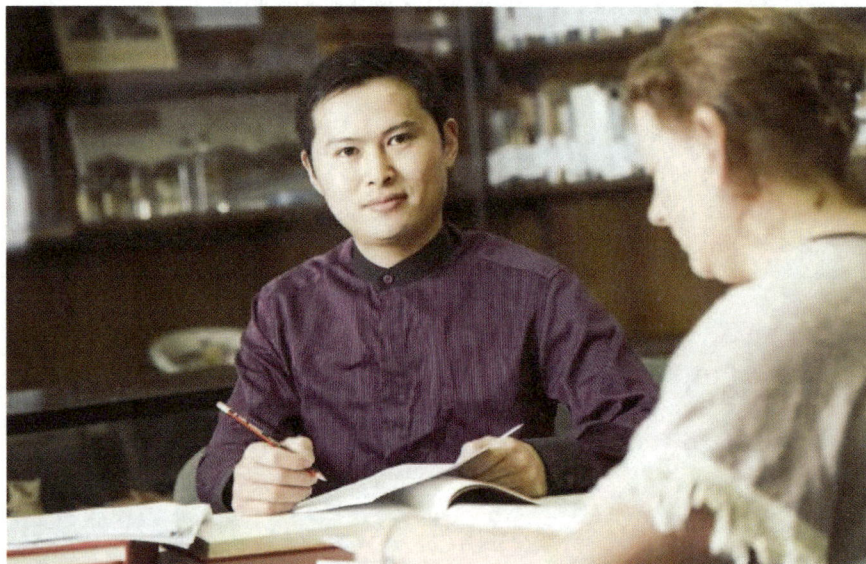

与蒋国武老师沟通过的人，大抵都会被他的教学热情感染。作为一名高校教师，他与语言学习结缘数十年，一步步靠近梦想的经历，每每都让听者为之动容。

从教培名师到澳大利亚留学生

和很多高校教师的成长经历不同，蒋国武老师的成长经历起初并不一帆风顺。14 岁的他从湖南永州考到石家庄读中专，当时的中国正在掀起一波又一波的"英语热"。风靡大江南北的新东方俞敏洪与疯狂英语李阳都给年轻的蒋国武老师带来了很大的影响。"我当时就立志成为一名英语老师，经过多年的努力，这个目标实现了！"

2006 年于石家庄跟随俞敏洪老师学习

彼时，拥有多年教学经验的他已经通过努力，成为培训机构中一位小有名气的老师，而每当学生问起："老师，您是哪所大学毕业的？"他心中不免总有几分失落。作为一名站在五尺讲台上以教育为使命的教师，自己却缺少一份亮眼的学历背景。"虽然学历高不一定代表能力强，但没有在高等学府深造过，始终是件遗憾的事。"蒋国武老师如是说。

2005 年，年轻的蒋国武在一次线下讲座中听到了新东方周成刚老师的演讲，周老师地道的英式发音和风趣幽默的讲述风格，激起了他对国外的向往；讲座中周老师所描述的黄金海岸和澳大利亚海滩的幽默段子，时至今日依旧让他记忆犹新。也是在榜样的作用下，蒋国武老师毅然辞去了工作，踏出国门，走上了留学的道路。

澳大利亚大学的学术实力世界领先，众多高校在 QS 世界大学排名中名列前茅，并且澳大利亚的学费与生活费开支也比较合理，留学生们甚至可以通过兼职的方式为自己减轻一些经济压力。就这样，怀揣着心中的理想，蒋国武老师选择了前往澳大利亚读研，开始追寻梦想。"如果心中有诗的话，那么追寻大海蓝天和白云就意味着航程，意味着远方。"

2009 年首次到澳大利亚悉尼

机会从来都留给有准备的人

初到澳大利亚，蒋国武老师和现在的很多留学生一样不免有些迷茫，由于自己此前的教育背景有限，不具备申请针对性过强的专业类别，因此当时的他和很多人一样选择了读商科，进入了纽卡斯尔大学商学院。但是很快，蒋国武老师就发现所学内容并不是自己的兴趣所在。"回国继续英语培训事业"还是"留在澳大利亚再拼搏一下"，他一度陷入了两难。

千里迢迢来到海外，放弃国内已拥有的一切，这对很多人来说并不容易，为了不辜负这一路以来的坚持，蒋国武老师经过无数次的纠结，最终选择留下来，为实现自己的梦想再搏一搏，而这也为他日后的发展打下了坚实的基础。

借助英文还不错的优势，蒋国武老师写了一封长达万字的申请信，逐个寄给纽卡斯尔大学应用语言学专业的相关人士，最后找了课程主管。功夫不负苦心人，由于澳大利亚的教育向来推崇个性发展，他获得了与导师 Jean Harkins 博士面谈的机会，在半小时的交谈中，他强烈表达了自己对学习语言的渴望，最终他诚恳的态度和以前国内的教学经历打动了 Jean Harkins 博士，她亲自给国际学生招生办打去电话并发了邮件确认愿意破格录取蒋国武老师。

读研期间课堂一角

"当时激动得手都在发抖。"他这样形容自己。事隔多年，这位导师的声音在他的脑海里还清晰如初。转专业成功后，当天蒋国武老师就拿到了英语语言学的硕士录取通知，他也因此暗下决心，以行动证明导师破格录取自己的正确性，并以中国传统师生礼节感恩这位精通世界文化的老人。

挑战不可能，打破"申博魔咒"

硕士期间，蒋国武老师发奋苦读，几乎把纽卡斯尔大学图书馆里的专业书籍都读遍了，他的每门课程都取得了杰出的成绩（88%），其中语法学96%，远远高出其他同学。凭借优异的表现，在硕士课程修读结束后进行论文答辩时，Jean Harkins 博士再次向他抛出了橄榄枝："你的毕业答辩令人印象深刻，是否考虑未来再读一个博士学位？"

当时的蒋国武老师百感交集，他想立刻表达自己的意愿，但也深知缺乏本科文凭，这对申博来说阻碍很大。于是他跟 Jean Harkins 博士讲明了这一事实，希望能再次得到她的帮助。没想到 Jean Harkins 博士痛快地表示，尽管这是一个问题，但他们一定会推荐好的学生，事后她也亲自给各个大学写推荐信，推荐蒋国武老师读博。正是这位慈祥的老人的鼓励，坚定了他申请读博士的决心。

澳大利亚各大高校明文规定：申请教育学博士资格一定要有相关专业的本科学历。但蒋国武老师天生是一个喜欢挑战极限的人，凭借优异的硕士成绩、丰富的教学实践经验和切实的研究提议，硕士修读期间教过他的老师不约而同地为这位勤奋好学的学生写了言辞恳切的推荐信。但是，现实是很残酷的，被拒绝似乎也是预料之中的事，悉尼大学、墨尔本大学的婉拒信件一一送达，这让一向乐观的蒋国武老师不免为此而落泪。"这种只有自己能够解读的泪水，也许就是传说中'失恋'的滋味吧。"

蒋老师与导师亲切交流

正是在看似山穷水尽的时候，纽卡斯尔大学的博士生导师 Moskovsky 博士看到了蒋国武老师的资料，他表示愿意录取他并同意立刻讨论他的研究申请。为了抓住这个机会，蒋国武老师进行了全面的准备，在面试之后，Moskovsky 博士被他的热情和曲折的学习经历打动，并全力支持他申请奖学金。功夫不负有心人，蒋国武老师最终如愿以偿，成为当时硕士班里两名博士候选人之一，并获取了全额的博士奖学金。

在自由环境中汲取成长的养分

蒋国武老师认为，正是这段海外留学的时光，让他收获了一种澳大利亚的"活法"，即笑对生活的态度。

中澳两国在教学模式上有很大的区别，如果说国内是以教师为重心，重视培育知识的积累和理解能力，以结果为导向；那么澳大利亚就是以学生为重心，重视培育思维的模式和创新的能力，更重视过程性考核。蒋国武老师就读的是自己喜欢的应用语言学专业，他拥有多年的国内英语教学经验，在博士学习的过程中，对语言理论的深耕再次把他的实践经验提升到了一个理论的新高度，最终他以优异的表现提前一年完成了博士学业。

博士毕业照

这段海外苦读的日子不仅凝结成了他前行的动力，并且将教书育人这一信念牢牢地锁定在了他的心中。"我的导师喜欢'5E'教学模式，一共分为五步，分别是吸引（engagement）、探究（exploration）、解释（explanation）、迁移（elaboration）和评价（evaluation）。因为五个步骤的英文单词首字母都是'E'而得名。"而这样的教学模式，后来也被他学习并沿用到了自己的高校教学过程中，成了重要的参考。

此外，在澳大利亚，很多同学最大的感受就是课业自由，利用课余时间，蒋国武老师还到学校的教育学院选修了统计学和教育心理学，到音乐学院选修了爵士钢琴。美丽如画的校园、多姿多彩的课外生活、平易近人的导师、有爱又有趣的同学，都让他的留学生活充实而丰满。也是在这样一个自由的环境中，蒋国武老师享受着学习的过程，享受着生活的乐趣，不断充实着自己，像种子一样不断吸取养分，等待破土而出，绽放活力。

回国任教，割舍不掉的中国情结

众所周知，澳大利亚是一个移民国家，但是蒋国武老师却选择了毕业后回国进入高校，他说有一个重要的原因在于自己骨子里没办法熄灭"教书育人"的信念。"我19岁开始教书，做教师这一愿望就没有改变过，一做就是十几年，而且会一直做下去。"

从2009年出国，到多年后回国，国内的变化可谓是日新月异，良好的经济发展给大批海外留学生带来了发展的机会，描绘了美好的蓝图。2015年回国后的蒋国武老师在厦门大学海外教育／国际学院教授英语课程，2018—2022年在福州大学阳光学院任外国语与海外教育学院副院长，除担任领导工作以外，他一直活跃在课堂教学第一线。而留学经历带给他的收获也被融入了课堂教学之中。他经常会用中西教育差异，中西语言文化对比，结合个人和他人的留学故事来对学生的学习问题、留学规划、就业前景等进行"点燃式"教育。在教学过程中，使用以自己导师名字命名的"科瑞思道"教学法，即注重语言科学和人文之道的融合，培养学生的体能、智能、技能、艺思和哲思等五大层面的综合素养。"教语言，要育全人。"蒋国武老师如是说，"学生们不是语言机器，在传递给他们语言知识和技能的同时，更要帮他们树立正确的世界观、人生观和价值观。只有学生真的有兴趣去学习，而不是被家长或者老师逼着学，才有可能学得更好。"

蒋国武老师英语课现场

他提到了一部对自己人生影响深刻的老电影——《心灵捕手》（*Good Will Hunting*），剧情讲述了一位在麻省理工学院担任清洁工，同时也是一位在高等数学方面有着过人天赋的叛逆天才，在教授和朋友的帮助下，最终打开心灵，消除了人际隔阂，找回了自我和爱情的励志故事。"千里马常有，而伯乐不常有。"这部电影时常让蒋国武老师有切身感受，感慨是好的老师改变了学生的一生，而他也希望自己有朝一日可以成为这样一位老师，"传道授业解惑"，成为学生们前进的引路者。

现在的学生大多以 00、05 后为主，年轻人有着独特的个性和习惯，想要做学生们的好老师、好榜样也需要一定的"技巧"。蒋国武老师表示，澳大利亚的教育有一个非常重要的特色，就是尊重个体差异，而这一点也让他受益匪浅，所以他特别擅长教那些看似另类但潜力极大的学生。"我时常跟学生说，我不是一个好老师，但你们都是天才学生。希望有一天能够抛砖引玉，发掘他们的潜力，那就是我人生的快乐！"

当然这些学生也并没有让他失望，十几年来，蒋国武老师直接和间接教过的学生数量达近百万人，这些不同年龄段的学子学习英语、走出困惑，其中还有数千位学生和他一样成功留学。"他们现在有的在外企，有的也跟我一样做了英语老师，就业都还不错，其中包括不少海外名校的硕士和博士，可以说后浪推前浪，前途一片光明。"蒋国武老师的脸上流露出欣慰的笑容。

教育国际化是时代的必然

弗兰克·史密斯说过：一种语言可以为人生开启一条走廊，两种语言则会使这条人生走廊的沿途上处处开启大门。在蒋国武老师眼里，人生不仅需要一条走廊，有时候也要开启几扇大门。语言是信息和知识的窗户，重要性不言而喻，不仅要学好，还要会用。

而留学恰恰是一个活学活用语言的良方。在蒋国武老师出国的年代，媒体还不像现在这样发达，信息获取也没有这么畅通，一切都靠勇气；而近些年，越来越多的年轻学子不约而同地通过留学走向世界，他们不仅需要做好语言的准备，更需要做好身心的武装，而他们在国内就读的高校在其中也扮演着不可替代的重要角色。正所谓没见过世界，哪来的世界观，作为高校一员的蒋国武老师对此十分赞同，他说："教育国际化的趋势不可阻挡，而且更加重要。如果条件允许，我强烈建议同学们出去看看，只有教育多元和国际化，创新才能够国际化。"

虽然近年来的疫情给留学带来了不小的影响，但面对着一批又一批即将展翅高飞的年轻人，这位语言名师也给出了自己中肯的建议："你如果要上山，肯定要问从山上下来的，我建议大家选择一家专业的留学机构，让专业的人做专业的事，自己把时间放在更加重要的事情上，比如学英语、提升专业能力。我始终相信，在所有的困难面前同时有机遇，我对留学的前景永远看好，机会只会留给准备好的人。"

国际合作与交流

在和蒋国武老师交流的过程中，总能感受到他生命的活力和对教育的激情，他带着真诚、坚毅，把多年所学在自己的课堂中发扬延续，让越来越多的学生受益。成为"心灵捕手式"导师的这个理想，蒋国武老师正在一步步靠近。

谭用

两段留学经历造就科研初心，
耕耘教育一线精育未来人才

如果没有突如其来的新冠肺炎疫情，谭用老师或许还保持着每半年去一次自己的博士学校——美国范德堡大学进行学术科研的工作节奏。不断往返中美两地的工作经历，带给谭用老师的不只是中美经济学学术之间的交融与启发，更是中美文化的相互包容与理解。

2013年，谭用老师学成归国，自此扎根于科研与教学一线，潜心科研，教书育人。从数学到金融再到经济学，谭用老师不断修正未来持续深耕的方向，在广博的经济学海洋中寻觅着属于自己的浪潮。

夯实数学基础，拓展前景方向

2001 年，谭用老师以超出重点线 100 多分的高考成绩如愿考上了自己心仪的高校——厦门大学，入读数学专业。谈起当年为何选择这个专业，还有一段趣闻。"高中的时候，我就很喜欢数学，数学成绩也比较好。但后来我选择大学的数学专业还是因为高三时的一场奥数比赛。"谭用老师回忆道，"我当时一路从初赛、复赛再进入到决赛，结果最后一道题出了岔子，导致我只得了当时的全国二等奖。我非常不服气，决定日后一定要把'场子'找回来，也因此，我下定决心大学要读数学专业。"谈起当年那段往事，谭用老师仍然感慨万分。

做出这个选择表面看起来似乎有些"意气用事"，但其实也是经过谭用老师深思熟虑的。数学是自然科学的基础，同样也是技术创新发展的基础。在他看来，除了部分专业如中文、外语可能不会涉及数学，在现实生活当中大部分学科包括物理、计算机、互联网、金融经济等都免不了与数学打交道。"数学其实是最基础的一个学科。"谭用老师表示，"当时我也考虑过，万一日后在求学的过程中发现数学并不适合我，那么它可以延伸的方向也很宽广，我可以慢慢寻觅与自己兴趣相匹配的专业。"

厦门大学数学系办学历史悠久，是厦大最早设立的科系之一，曾发表"1+2"详细证明，被公认对哥德巴赫猜想做出重大贡献的陈景润院士也曾就读于此专业。可以说，厦门大学数学系培养了一批又一批以柯召院士、陈景润院士、林群院士等为代表的杰出学子，他们在国家科技进步和经济社会发展中不断贡献着自己的力量。

除却学科本身，厦门大学的校园风景也让谭用老师心驰神往。厦门大学依山傍海，静谧优美，亚热带地区独有的气候和景致在当年的内陆少年眼前一一展开。"真的非常喜欢那里的景色和环境，我现在仍然觉得在那样的环境中学习和生活是一种享受。"谭用老师感叹道。

厦门大学数学学科课程设置偏学术方向，课程大多比较偏理论和抽象，应用性相对较弱，这也让谭用老师在修读的过程中不断思考自己的所学在未来社会上的用途究竟是什么。在他看来，如果不能用所学知识为社会带来贡献的话，实在是一件很遗憾的事情。基于此，临近毕业之时，谭用老师虽然已经获得了保研本专业的资格，但他依旧选择参加研究生考试，借考研之机换个方向，选择了一个以数学为基础而应用起来比较有前景的专业——金融。

转战金融，再改经济

2005年6月，以教育部人文社科重点基地为基础、依托于"985工程"二期项目的厦门大学王亚南经济研究院成立。作为该学院首批次硕士研究生，谭用老师经历了一段适应期。"当时给我们上课的老师大多是第一批去美国留学的海归博士生，课堂上基本使用北美的教材，而且还是全英文授课，这对于当时的我来说是个不小的挑战。"

为了能跟上课业进度，他不得不从基础开始补起，花费了比同学更多的时间、付出了更多努力来尽快熟悉金融学相关的英文专业术语和理论知识。"当时英语水平没有很高，再加上之前又是学数学的，对金融也不是特别了解，适应起来还是有些困难的。"谭用老师表示，"不过现在想来，那段经历对我后来的出国留学帮助很大，让我能更快地适应海外生活。"

一次偶然的机会，谭用老师发现学院在选拔学生参加与新加坡管理大学合作的双学位项目。该项目不仅提供全额奖学金，参与项目的学生仅通过一年的学习即可获得硕士学位，这对于谭用老师来说，有着非常大的吸引力。然而此时，一个难题也摆在他面前：学业成绩是选拔的重要指标之一。

彼时的谭用老师由于专业背景和语言等缘故，课业成绩一直平平，想要获得这个机会，他必须拼尽全力。有目标就有了动力，在之后的学习中，谭用老师更加努力，除了将老师课上布置的习题做完，他还常常泡在学校图书馆里，将教材上的所有习题全部完成，时时复习，日日巩固。功夫不负有心人，在第一学年结束后，谭用老师从刚入学的倒数一跃成为年级第一名，顺利获得了前往新加坡管理大学留学的机会。

2016 年的夏天，谭用老师前往新加坡攻读经济学硕士学位。通过此前一学年的学习，他隐隐感觉金融学中有很多理论其实是从经济学引申过来的，缺少自己的理论基础，"就像个空中楼阁，像经济学中的一个衍生品一样"。而在新加坡的求学经历更加印证了他的想法，也是在那个时候，他决定日后要往经济领域发展，而不是单单只走金融这一个方向。

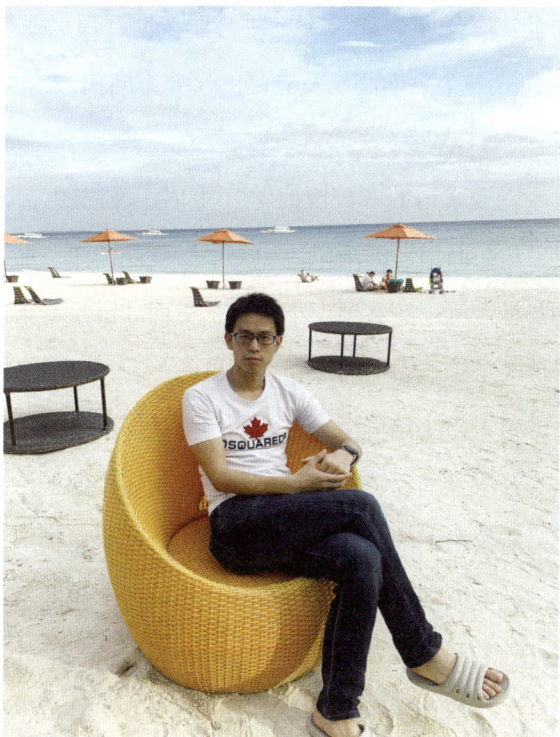

谭用老师在菲律宾度假

继续深造，选择赴美读博

读博这个选择，在谭用老师之前的人生规划中是完全没有的，就连前往新加坡留学都在计划之外。他原本是希望硕士毕业之后直接就业，在职场大展身手。然而，赴新加坡求学的时光成了他的人生转折。在这期间，一位任课教授曾跟他说："如果想要学习经济学最顶尖的知识，走在世界前沿，就要去美国留学。"这番话语让他真正开始面对和思考自己未来的发展方向：是否要继续深造，去读个博士。

对于这个选择，谭用老师是犹豫的。他所入读的厦大金融学硕士是三年制，在他刚刚熟悉金融学的知识后又来到新加坡修读经济学，还要完成新加坡高校的硕士论文。待到这一年学习结束，回到厦大，还要准备厦大金融学的硕士毕业论文，课业实在繁重。如果下定决心要读博，那么他现在就要开始备考托福和GRE，研究各个意向高校及老师的研究方向和课题，准备留学申请，事情同样繁多。

经济学上有个专业术语叫"沉没成本"，即指以往发生、无法回收但不影响当前决策的费用。在谭用老师眼里，如果最后没能读博，那么此前在学业上付出的努力与勤奋是否就都随着硕士学位的获得而"沉没"了，因此很多时候前期的沉没成本越大是越能影响后续努力程度的。

思索再三，谭用老师决定再拼一次，去美国读博士。

作为世界第一经济强国，美国在经济学学术领域中的地位同样是无可比拟的。谭用老师一路所接触到的金融学、经济学教育都是以美国教育体系为中心的，选择留学美国，继续在经济领域里深造也是情理之中的事情。

2008年，凭借着坚实的科研背景、优异的学业成绩和英语能力，谭用老师斩获了包含美国范德堡大学、北卡罗来纳大学教堂山分校、伊利诺伊大学香槟分校、夏威夷大学等多所知名高校的offer。考虑到高校综合实力和未来导师的研究方向，谭用老师最终选择前往美国范德堡大学继续深造，从而也开启了新一段求学之旅。

2008 年初，谭用老师初到美国时

"苦"，读博期间的代名词

如果用一个词来形容谭用老师的博士求学经历，他会说"苦"。

"博士期间真的是太苦了。"谭用老师感叹道，"其实我觉得我是一个很坚定的人，就是我做好的决定，一定能贯彻到底。但是在博三那一年，我动摇了，考虑过退学这件事，因为真的是太辛苦了。"

博三那一年，正是谭用老师学术研究的关键期。每一天他早上 6 点半起床，凌晨 1 点左右入睡，其他的时间全部投入到他的课题研究当中，几乎全年无休。更让当时的谭用老师感到挫败的是，他的课题研究进入了瓶颈期。

这是谭用老师的第一篇博士论文，他希望能从纯经济的角度来证明一个企业在进入动态市场之时，除了产品的成本、开发速度、品质等因素会影响市场占有率之外，品牌效应、品牌口碑也是非常重要的因素，影响程度甚至会大过产品本身。

故事讲得很好，也很有道理，然而，谭用老师就是无法用模型推导出自己想要的结果。在模型搭建的过程中，谭用老师制作的程序非常复杂，他检查了一遍又一遍，始终不知道是什么地方出错了，这让他很长一段时间里情绪非常低落。此外，范德堡大学经济系博士生平均40%的淘汰率也是压在他心头的一块大石。

长时间高强度的科研节奏，几乎没有进展的课题研究，让谭用老师一度怀疑自己是不是真的适合读博士。"当时就觉得真的好难啊。"谭用老师说，"其实我也承认天才毕竟是少数，大多数人智商、天赋都差不多，剩下的就是努力与坚持了。但是我当时已经努力和坚持了那么久，依然毫无成果，说不打击自信心是不可能的。"

山重水复疑无路，柳暗花明又一村。就当谭用老师考虑要放弃之时，有一天，他的电脑莫名的"崩"了，此前编写的部分程序不见了。不得已，谭用老师只好从一个节点开始重新编写，忽然间，他意识到之前有个地方的程序编写错了，待这个地方修改好之后，他心心念念的结果一下子就能运行出来了！折磨了谭用老师好长时间的问题竟然意外地解决了，这让他惊喜过望。"真的感谢自己的电脑那天崩了，不然我可能一直都找不出来哪里错了，就像在一篇几万字的稿子中找错别字一样，如同大海捞针。"

科研道路多漫长，坚守初心得始终。这一次难关的突破让谭用老师信心倍增，他又找回了当年决定读博的初心和对学术的热忱。他更加相信只要自己足够坚韧，就一定能得到硕果。

学成归国，精育桃李

经过5年的潜心修学，2013年，谭用老师博士毕业，学成回国，投身于高校老师的事业当中。

科研与教学如鸟之双翼、车之两轮，是不可偏废的一体两翼，谭用老师深谙其道。一直以来，他都奋战在教学和科研一线，将自己所学无私地传授给学生。

2021 年，谭用老师在国内开展经济学讲座

谭用老师的授课方式活泼新颖，他喜欢以通俗易懂、旁征博引的方式为学生们讲解国际上最新、最具有代表性的学科科研成果，而不仅仅是拘泥于书本的知识。他结合自己的留学经历以及科研优势，以理论讲授、演示观摩、学生讨论、课堂汇报等多种形式进行课程学习，帮助学生更好地理解课堂知识，夯实理论基础。

在教育理念方面，他坚信以身为镜才是对学生最好的教育模式。说起自己的教育方法，谭用老师有些羞涩："其实说到带学生，我还是有些惭愧的，我觉得我不太会带学生。但我相信，所谓教书育人，就是要将自己的行为折射在学生身上。我相信如果学生遇到的老师都是努力谦虚、不计得失的，那么学生也很难不树立一个正向的价值观。"

与谭用老师相同，他的不少学生在本科毕业后也走上了国际教育的道路——赴海外知名高校继续深造。在他看来，现在的学生普遍比他当年眼界更加开阔，起点更高，综合实力也更加厉害。"所以我从来都觉得，我跟学生是平等相处，我要向他们学习的地方也很多，这也激励我要更加努力，不然怎么当他们的老师？"谭用老师开玩笑道。

在近 10 年的执教生涯中，谭用老师送走一批又一批学子，也不断地迎来更多的年轻人。这些年轻学子稚嫩的脸庞上始终充满着对探寻新世界的渴望，而谭用老师始终坚持以学术为魂、育人为本，以扎实勤勉的工作态度和严于律己的为人准则，不断地影响着他的每一个学生，勉励他们在学习和生活中不畏困难，不断进取。

在他看来，高校国际化、教育国际化是个不可避免的发展历程。虽说他国的教育理念和观点与我国所秉行的观念不尽相同，但并不能因为不同而排斥。正如谭用老师所言："我始终认为文化是一定要有交流、有交叉的，这样才能在未来的社会走得更远。"

陈昌盛

留法 9 年后回母校任职，
将国际教育的理念注入大学课堂

因参与了中法"2+2"项目而得到了出国深造机会的陈昌盛老师于 2013 年留洋归来，他回到自己的母校，将所学所闻带进课堂，传递给有着相同留学梦想的年轻学子们，鼓励他们如果有机会也要试着走出去，去看看更广阔的世界。

"格林斯潘的学术魅力打动了我"

高中时期，年少的陈昌盛老师从杂志上看到了一篇关于美联储前主席艾伦·格林斯潘的新闻报道。作为一位任期跨越美国6届总统，被业界称为"经济学家中的经济学家"的格林斯潘勇于突破经济理论的束缚，做出了很多决定美国经济方向的传奇决策。而正是这些决策理论与实践的魅力深深触动了陈昌盛老师的心，他从中获得启发，立志将来一定要学习经济学。

在奋战高考后，陈昌盛老师顺利考取重庆工商大学，就读经济管理学专业，梦想从此不再遥不可及。

进入大学校园后，基于对经济学的兴趣与热爱，陈昌盛老师如饥似渴地汲取着专业课的知识，并接二连三地取得了优异的学习成绩。而此时的陈昌盛老师还不知道，一个在学业方面进一步发展的机会已悄然而至。

彼时，重庆工商大学正在积极地探索国际教育培养模式，并与法国一些高校开设了校际交流项目，通过"2+2"的形式，让更多的学生在本科阶段出国留学，培养拥有国际化视野的专业性人才。

在收到学院老师传来的信息后，陈昌盛老师即刻开始搜索法方院校的有关信息。经过一番深入了解和思考，他决心要抓住这一次难得的机会，去法国读书。

"一次自我身份的改变"

此次留学项目虽然有学校"牵线搭桥"，但留学申请还是需要依靠自身的努力。"那段申请准备的时间真的是'一次自我身份的改变'。"陈昌盛老师不禁感慨道。

法国是世界上第五大留学生接待国，其高等教育历史悠久，学术研究水平居于世界领先地位，每年不乏学业成绩优秀和实践背景丰富的申请者，留法面签考核也更为严苛。而陈昌盛老师想要申请的艾克斯－马赛大学，长期得到法国政府的关注与教育经费的支持，是备受留法学生青睐的公立大学之一，其入学申请竞争难度不言而喻。

面对压力，陈昌盛老师没有退缩，他着手于提升自己的综合竞争力——不仅仅要在专业学习方面主动规划，还要有意识地培养自身的学术思维能力。先提炼提纲，把书本读薄，在把握核心大意的基础上，再延伸知识面，把书本读厚，这是陈昌盛老师的基础学习方法论。与此同时，他更是积极地同身边的同学们一起讨论，通过输出的方式加深知识理解、夯实知识结构，在发现问题和解决问题的过程中，让专业知识得到质的提高。

在法语学习方面，陈昌盛老师也下了很多功夫。虽然法语单词和英文单词有些许共通之处，但法语语法却比英语难了好几倍。于是他天天听、天天讲，通过大量阅读积累词汇量和语感，逐步适应了法语的逻辑思维方式。

学校也为计划出国的同学开设了法语外教课，为大家创造语言听说环境。陈昌盛与同学们经常相互帮助，一起探讨学习难点，多次进行面试的模拟练习，锻炼临场应变的能力和举止仪态。从高中应试教育到大学自主选择感兴趣的专业，再到走进出国班接触国际教育模式……日复一日，月复一月，在不懈的努力下，陈昌盛老师成功通过了法语等级考试。

随着全部申请材料的递交，陈昌盛以优异的学业成绩和学术表现收获了艾克斯－马赛大学的 offer，迈出了出国留学的第一步。

好事多磨，多彩留学生活如期而至

当一切准备就绪后，陈昌盛老师满怀欣喜地前往北京办理签证。然而，2003 年突如其来的"非典"疫情让他的留学之路再起波澜。

那一年签证数量急剧下降，陈昌盛老师也因此被拒签。不过他并没有因此放弃出国计划，而是决定在等待重新签证的时间里，回到学校再读一年。"我的'2+2'变成了'3+2'，回来又把大二课程学了一遍。"他笑着说，"不过当时学校倡导改革，每年都在变化，我的老师变了，教学案例也都不一样了，我在'复读'的那一年中学习了更多新知识，同时也夯实了我的专业基础。"

多一年的"大二"课程学习，成为陈昌盛老师丰富自身知识结构的契机。当第二年非典疫情结束后，他以年级专业第一的成绩再一次成功申请到艾克斯－马赛大学。

2004年，陈昌盛老师如愿以偿地来到艾克斯－马赛大学。开学第一课便让他记忆犹新。"上第一节专业课时，老师没有讲新内容，而是先把本科所有的课程串了一遍，他讲解了科目之间的关联，以及如何把理论知识应用到解决实践问题中。"在老师的循循善诱下，陈昌盛老师脑海中的知识点一下被串联起来，心中长久存在的对专业的一些不理解也在这一瞬间豁然开朗，这让他对将来的经济专业的学习增加了很大的信心。

谈及国内外教学模式的不同，他感触最深的是学校采用的大课小班制。"大课小班各有侧重，专业大课偏向理论，小班则重应用。"陈昌盛老师如是说，"通常大班课堂上有200—300名学生一起听讲，课后学生们再进入20人左右的小班里学习，由小班老师帮助大家巩固知识与应用。"这样的授课与学习方式增加了师生间的深度交流，帮助学生学透彻。

勤工俭学，在生活实践中获得提升

虽然陈昌盛老师在出国前努力学习了法语，并且拿到了不错的法语成绩，但与很多留学生一样，在来到法国的第一个学期，他还是遇到了语言交流障碍。因此，想要真正融入异国他乡的学习与生活，进一步提升听说能力成为当务之急。

于是，陈昌盛老师开始寻找勤工俭学的机会，希望通过做兼职，每天都接触大量的当地人，和他们面对面沟通来提升自己的法语水平，也希望能通过这种方式融入当地社会，深度体验当地的文化与生活。正如同当初预想的那样，在兼职的那段时间里，陈昌盛老师学到了不少当地俚语，甚至说话还有些法国南部的口音。而经过两个寒暑假的锻炼，他的口语水平突飞猛进，这让他的很多同学大为惊叹。

每一天的时间都是有限的 24 小时。在勤工俭学的日子里，陈昌盛老师常常要和时间"赛跑"，平衡学业和兼职。为了争分夺秒地学习，打工结束后，他就在路边树荫下找一个地方看书。他相信，时间是可以自己规划的。时间只有这么多，自己要学会妥善规划与安排，"把时间用到点子上就很有效"。

踔厉奋发，在热爱的专业领域中不断前行

在与时间的不断"磨合"中，陈昌盛老师积累了很多实用的学习技巧。比如，他会在睡前拿出半小时对当天所学进行整理归纳，久而久之，知识框架和重点内容在脑中会越来越深刻。他认为带着目的和方向去学习能事半功倍，于是他开始给自己设立学业上的短期目标和长期目标。此外，考试前他会严格遵行自己制定的时间表，每完成一项就打上记号，并按照记忆衰退的次序，安排每天的复习内容，不断强化记忆。"学习没有捷径，差什么东西就要去补。"陈昌盛老师表示。

除了生活，他将全身心都扑在学业的修习上。最终，凭借着全年级前 5 名的优异成绩，陈昌盛老师成功申请到了本校金融专业的研究生。读研期间，陈昌盛老师接触到了更多经济学的前沿理念，耳濡目染，视野与思维方式都得到了提升，对专业的学习兴趣愈加浓厚。"这里一年将近 90% 的天气都是大晴天，阳光明媚，城市整体节奏比较慢，也更能让人静下心来钻研学术。"

随着学习的深入，他发现经济学专业与数理知识有着很密切的结合，对数学、计算机和工科类的要求是很高的，这正好契合了他高中时理科的学习背景与所培养的思维方式，他对所学专业的兴趣愈发浓厚。陈昌盛老师笃行不怠，2008 年，他以专业第一的成绩，留校攻读宏观计量博士专业，并因此获得了申请法国教育部奖学金的资格。

那一年，法国教育部奖学金评选面向罗讷河口省众多院校，这意味着陈昌盛老师要和同专业、不同院校的佼佼者们一起竞争仅有的8个名额。回忆起当时场景，他激动地说："奖学金答辩现场竞争很激烈，我们学生站在讲台上演讲，下面坐着40位教授，他们会针对学生的研究领域提问，从不同角度来考查学生的知识结构和研究能力，最后投票表决。"

凭借着流利的法语口语和扎实的专业基础，陈昌盛老师脱颖而出，成为奖学金获得者中唯一的一个亚洲面孔。那一刻他非常满足，他说："4年留法所付出的努力和辛苦都是值得的。"

回报母校，薪火相传

有着优秀学历背景和学术水平的陈昌盛老师博士毕业后，参加了法国当地的高校教师培训，先后从事高校研究员、教学的工作。

教学中的陈昌盛老师

"在法国工作与生活的那段日子的确是充实而又多彩的。"但独在异乡为异客，和家人的越洋电话一次次触动了陈昌盛老师想要回国的心。"有很长一段时间，都没能和父母生活在一起，如今自己已经完成了学业，也积累了一些社会阅历，是时候回到父母身边多陪陪他们了。"陈昌盛老师回忆道。

2013 年，怀着对亲人的眷恋和对故土的热爱，陈昌盛老师从法国回到了老家重庆。稍作调整，他便主动联系了母校重庆工商大学，向其表达了自己希望能够回校任教的意愿并投递了简历。"我想回报母校，把留学收获的优质的教学思维和方式带进国内课堂。"陈昌盛老师如是说。

重庆工商大学一直关注着陈昌盛老师的学业发展，校领导对他的到来表示热烈欢迎。在重庆工商大学任教的时间里，陈昌盛老师主要在出国班担任法国和加拿大项目全外文经济类专业教授，同时兼顾管理、外交培训等工作。由于法国践行的大课小班制给他留下了深刻的印象，小班丰富的互动环境很有助于学生的知识领悟，让理论学习和实践不会脱节，他希望把这个模式借鉴过来，再因地制宜、因材施教。推行小班制时，虽然面临着转变学生过往学习习惯和培训管理教师等因素的挑战，但他相信，只要是对学生好的，就要坚持下去。

留学也为陈昌盛老师带来了教育理念上的转变，法国人崇尚的平等、博爱、自由的思想早已融入他的内心之中。因此，他更注重师生的个性与需求表达，会认真倾听师生对于教学制度和管理方面的意见与建议，并落到实处。

2017 年，陈昌盛老师代表学校赴北美第一家同时获得 AACSB（The Association to Advance Collegiate Schools of Business，美国高等商学院协会）、EQUIS（European Quality Improvement System，欧洲质量发展认证体系）、AMBA（The Association of MBAs，英国工商管理硕士协会）三重认证的管理学院——加拿大蒙特利尔高等商学院进行学术交流学习。5 个月里，他对不同国家的教育模式有了更为深入的体会。潜心前行，在与时俱进的探索中，陈昌盛老师不断致力于为课堂注入新的活力。

赴加拿大访学时与世界各地老师合影

　　心怀苍穹，岂止于远方。陈昌盛老师相信："这些中西方教学模式所带来的乐趣会变成强大的动力，终将指引学生们抵达向往的生活。"

马运声

大学老师再出国，探索课堂教学多种模式

马运声老师在常熟理工学院任教已经 10 多年了，学生们都亲切地称呼他为"小马哥"，亦师亦友的关系和活跃的课堂氛围给很多师生留下了难忘的印象。他总会对学生说："要自信，但不盲目，要有身处困难时一定能克服的信心。"

对化学的热爱生根发芽

马运声老师对化学科研的热爱，其实是一个循序渐进的过程，这和他谦逊的个性很相像。"在高中化学实验课上，老师把两种物质放在一起混合，当混合物见光后立刻发生了爆炸。当时就感到很好奇，兴趣萌芽应该是从那个时候开始的。"马运声老师回忆道。

基于兴趣的指引，高考报志愿时，他选择了化学专业，并考入徐州师范大学（现为江苏师范大学）就读。课堂上，他接触到了有机化学、无机化学等理论知识，对化学的兴趣也更加浓厚。然而，随着知识越学越多，他渐渐感觉到自己懂的越来越少。"不如继续读下去，探索更多未知。"马运声老师心里决定。

有了目标就更有动力。自此，他更加认真学习各门专业课程，以期能为将来深造打下扎实的专业基础。通过不懈的努力，马运声老师相继考取了广西师范大学的无机化学硕士研究生和南京大学的无机化学博士研究生。

硕博期间的学习更强调实验与研究能力，专业划分更加精细，所开展的实验工作也更加深入。在不断的学习与体验中，他明确了自己的爱好，他表示："有些人喜欢读书，有些人喜欢听歌，有些人喜欢运动，我的兴趣爱好是做实验！在实验中了解未知世界，合成新物质并探索它们在人类生产生活中的应用，这个过程让我充满了成就感。"

工作后再次求学

博士毕业后，马运声老师来到常熟理工学院任教，他希望能通过教书育人，帮助更多对化学专业感兴趣的学生真正认识和了解这门学科。然而，作为一名科研工作者，他的内心仍憧憬着在化学领域继续深造。如果有机会，他渴望能走出去，到国外看看别人都在做什么研究，探索化学领域里的更多可能。

带着对知识的渴求，2009 年，经南京大学导师推荐，马运声老师有了一个赴中国台湾清华大学进行博士后研究的机会。他的博士研究方向是无机化学，而这一次，他想要更换方向，向有机化学出发。"化学学科体量大，分支细，我想拓展视野，把知识扩充得更丰富一些。"马运声老师表示。

中国台湾清华大学前身为 1911 年在北京设立的清华学堂，其光荣的历史传统、优良学风和优质学术科研水平，吸引众多学子纷至沓来。马运声老师将推荐信、课题研究资料等发邮件给合作教授，并阐述了自己对"有机合成"的浓厚兴趣与科研能力。凭借多年来积累的扎实专业基础和丰富的实验课题经历，在众多申请者中马运声老师收获了教授的青睐，顺利拿到 offer，并得到了常熟理工学院提供的留职深造的支持。

在中国台湾清华大学学习的时光里，实验室成了他宿舍之外待得最久的地方。对他而言，做实验是一种特殊的享受，因为专注时内心会更加放松。虽然有时他独自一人在实验室忙到深夜，甚至忘记了时间，也体会过因实验结果不理想而产生的无力感，但沉浸在化学世界中不断收获新知识的满足和愉悦却是无可替代的。

实验室中的马运声老师

结束博士后研究，他回到常熟理工学院工作，这一年留学经历的收获成为他丰富课堂内容和形式的灵感，充实着他的教学经验。

赴日留学，勇攀学术高峰

任教期间，想要继续深造扩充学术能力、学习优质教学模式的马运声老师申请到了江苏省政府留学奖学金。而恰巧当时，他的爱人正在日本读博，于是马运声老师也决定将留学目的国家定在那里。

一直以来，日本政府对化学材料研究的支持、对培养年轻科研人才的重视，使得日本在材料学等工科上的表现非常突出，曾诞生过8位诺贝尔化学奖得主，雄厚的科研实力和安静慢节奏的教育氛围，吸引着众多留学生与研究者赴日学习。

怀揣着对科研的热情，马运声老师将自己的研究计划、科研理念进行了充分阐述，并向东京大学和京都大学投递了访问学者的申请。喜欢不断突破自我的他，再一次调整了专业方向，将目光锁定于多孔材料研究，这类新材料能广泛应用于生产生活中，成为几十年来材料化学家们热衷的研究领域。申请邮件中，丰富详尽的研究内容展示着他在学科里的独到见解与思辨能力。最终，京都大学北川教授研究室给他发来offer。

京都大学地处日本人的精神故乡京都市，这里积淀着丰富的世界文化遗产，作为一所世界级顶尖研究型综合大学，京都大学重视学术自由，培养了一批又一批的优秀人才，各领域科技创新日新月异。

走在京都大学的校园里，马运声老师感受到了学者们潜心研究、精心治学的科研氛围，匠人精神与学术追求相辅相成。同时，他也感受到了日本人在科研和时间方面的严谨态度，他说："当他们在讲解一个理论或研究时，一定会阐述原因，拿出更多的实验数据来证明自己的说法。"此外，他很钦佩学生们在学术报告演讲时对时间的把控力，他说："两三分钟的时间里，学生们就能有重点、有逻辑地阐述实验研究内容，而且他们总能把时间把握得刚刚好，很厉害！"

马运声老师合作的导师在国际上很有名气，研究室里的实验设备、创新理念、研究课题皆处于国际前沿，与时俱进。喜欢做实验的他，会把假期里的空闲时间拿出来，一个多月内他便把半年零碎的研究集到一起，和导师讨论，一同验证。

研究室有来自世界各地的留学生，大家基本用英语沟通。"每当有新人来研究室时，大家就会举办欢迎会，一起聊生活，不同文化、不同生活方式的碰撞，很有意思！"马运声老师回忆起过往点滴，温馨画面仿佛仍历历在目。

为期一年的学习生活充实而忙碌，结束了在京都大学的学习之后，马运声老师带着丰富的科研收获与见闻，回到他熟悉的岗位上任教。

马运声老师参加学会发表

崭新的旅程，到名古屋大学任准教授

一次，日本的名古屋大学（简称名大）发起了对科研工作者的招募，经由在京都大学共事教授的推荐，马运声老师得到了向名大投递申请的机会。多年来的求学积累、教学经验，以及在留学经历中提升的学习能力和综合素质，帮助他通过了严苛的面试。2016年，开启了他在名大的任教之旅。

名大一直致力于实施教学改革和研究创新，有着非常浓郁的学术研究氛围，曾经走出过7个诺贝尔奖获得者。学校也从不干涉教师的教学计划，教师拥有自由的学术和科研空间。

其中，让马运声老师感触最深的便是学校传承着"早会"和"组会"的学习模式，这为老师和学生间的交流创造了很多机会。每天的"早会"，他都在实验室和一个同学进行一小时的深度沟通，针对学生的课题研究、实验进展和遇到的问题进行探讨并给予建议。因此，他对学生们的实验想法、遇到的难题都能第一时间了解清楚，避免学生自己冥思苦想却不得要领。"组会"时，他会和两三个同学一起，聆听他们的报告内容，之后带着学生们一起讨论问题。他发现这样的教学方式对学生培养有着显著的效果，不只是专业知识的扩充，对学生发现问题、创新思维、沟通表达都是一种锻炼。

教学探索，未来可期

2019年，带着丰富的求学见闻与任教经验及对家乡故土的思念，马运声老师回到常熟理工学院。

给大一新生教授无机化学的理论课程时，马运声老师总会创造很多做实验的机会，通过实践来提升他们的动手能力。他认为学生在科研、学习上的成长是需要时间积累的，提早进实验室不仅可以加深他们对理论知识的理解，同时能够使他们在本科学习阶段获得更多更好的科研成果，而这些"超前的准备"，同样也可以成为学生们日后读研深造的一个优势。

在教育方法上面，马运声老师推陈出新，厘清人才培养方案、教学目标、教学大纲，将课本上涉及的所有知识点和重要知识点整理成一个思路网络。在课堂上，他旁征博引，从多种角度深入浅出地向学生传递相关知识，他也相信多元信息能让学生管中窥豹，他们能从单一的课程中看到整个学科，视野不会只局限在一门课程上面。

为了能抓住学生的注意力，培养他们深度学习的耐心，马运声老师在活跃课堂方面频频出招："现在的学生和 10 年前的不一样了，他们所能接触到的信息比我们当年丰富许多。给他们讲课的时候，能明显感觉到他们对外面的世界更感兴趣。所以，上课的时候我会把自己的海外经历结合到课程讲授当中，用贴近生活的例子来吸引学生的注意力。有时，我也会组织他们进行课堂演讲，这样不但能锻炼学生的综合能力，同时也能增进我与学生之间的交流。"

除了教学岗，马运声老师还身兼国际处工作，他常常将求学经验和切身感悟分享给有留学意向的学生们。他深谙国际教育能给学生带来开阔眼界和多元视角，能鼓励学生纯粹地追求知识，及培养独立的人格和内心，能帮助学生找到兴趣所在，在浩瀚的学术追求中丰富生命体验。目前，常熟理工学院与德国、英国和美国的高校合作，创办了"2+2"或"3+1"的双学位项目，学生在本科毕业时可以获得国内国外双学位，并体验到两种不同模式的教学环境。

不知不觉，马运声老师已经在化学领域走过了 20 多年，他先后在化学领域国际顶尖期刊《美国化学会志》上发表了多篇研究成果。同时，他将自身对科研的热爱与专注融入教学中，通过三次留学经历，不断完善自身的知识储备并丰富课堂教学内容，鼓励着有同样热爱的莘莘学子。言传身教，正是他坚持的育人理念。

刘鑫

从留学生到大学教授，热爱科研的初心不变

永远保持好奇，是对生活的尊重。走进艾奥瓦州立大学，可以看到富
有厚重文化底蕴的建筑物、精美复古的田园风喷泉台、穿梭在校园里
肤色各异的同学与教授们……在刚刚步入艾奥瓦州立大学的那段日
子，对于青涩的刘鑫老师来说，那里充溢着希望与美妙。

机缘巧合，开启美国求学路

诚如哲学家亚里士多德所说，人的一生颇富机会和变化。刘鑫老师在 2005 年高考结束后，也迎来了他在学业发展上的第一个契机。

正值"中外合作办学"刚刚兴起的第二个年头，普通大众对这个概念还很陌生，有关的宣传与今天相比也可谓寥寥无几。那一年的刘鑫老师，仅凭着自己对土木工程专业的兴趣，就毅然决然地填报了高考志愿，然而，在入学之后，他才惊讶地了解到自己竟有机会通过参加英语选拔，以"2+2"（国内读 2 年，国外读 2 年）的形式完成本科课程。

拥有机遇，就要将它变成灿烂而美好的未来，刘鑫老师决心放手一试。凭借着高中时期积累的良好的英语基础，他轻松地通过了测试选拔，推开了新兴教学培养模式的大门。"我当时的情况确实很特殊，但正是因为这种特别的缘分，我意外地拥有了海外留学的机会。"刘鑫老师笑着说，"于是，在大一、大二学年，我一边踏踏实实刻苦钻研专业课，一边开始同步筹备托福语言考试。"

有志者，事竟成。在经历了在图书馆埋头学习的许多个日日夜夜后，刘鑫老师顺利拿到了优异的专业课成绩，托福考试也顺利出分，大二暑假，他怀揣着对留学生活的期冀，欣喜地踏上了美国留学路。

在全新环境中，感受中外教育之不同

艾奥瓦州立大学创建于 1858 年，位于艾奥瓦州埃姆斯市，被卡耐基基金会列为最高等级的特高级研究大学，还是全球第一台计算机阿塔纳索夫 – 贝瑞诞生地，曾诞生过 2 位诺贝尔奖得主。其爱姆斯国家实验室（Ames Lab）是在全美仅有的几所国家实验室中，唯一一所位于大学校园内的国家实验室。"艾奥瓦州立大学拥有优美的校园环境、先进的教学设施，还有很多优秀的老

师校友……那段帮助我快速提高学习能力和专业知识水平的留学经历，至今令我难以忘怀。"刘鑫老师如此评价道。

在艾奥瓦州立大学读书的日子里，刘鑫老师更为直观地感受到了中西方教育之间的差异。相对而言，美国高校本科生课程的覆盖面更广。虽然同样有核心专业课和选修课之分，但在美国，学生的选修范围更大，即便是跨专业、跨领域，只要乐于探索、敢于尝试，就可以申请学习多样化的课程内容。

刘鑫老师在课堂上发表讲话

当一个人愿意并主动走出自己的舒适圈时，才能成长为优于过去的自己。为了不让自己局限于本专业的"一方井"里，在艾奥瓦州立大学就读的刘鑫老师尝试选修了劳动经济学等一些与本专业关系不紧密的课程，以期最大限度地汲取更多不同领域的知识，不断丰富自己。

美国高校大都重视学生阅读能力的培养。犹记得在当时美国建筑史的课堂上，教授每一节课都会向同学们讲授不同城市建筑风格的发展历程，而课后的作业则是让学生阅读与课程内容相关的全英文书或报告。这曾让当时身为国际生的刘鑫老师备感压力，但也恰恰是那段充实的学习经历，让他获益匪浅，他的英语语言能力和阅读能力都得到了很大的提升。

并且，美国高校中也会开设很多涉及一部分社会实践的课程，例如在学习一门环境相关的课程时，在课后刘鑫老师会与同学们直接去到当地的污水处理厂参观，实地了解工厂运作的全过程。"不将专业知识简简单单地留在教室里，是大部分美国老师都甚为推崇的教学理念。"刘老师回忆说，理论所不能解决的那些疑难，实践会给你答案。

谈及海外留学经历时，刘鑫老师感触最深刻的还属美国活跃而轻松的课堂氛围。在上课时，学生可以随时打断老师，或提出问题，或表达观点，在热烈的头脑风暴中，学生的知识点掌握程度以及自主学习能力都得到了很大的提升。

凭借着大学时期在理论和实践上的充分积累，2009 年，刘鑫老师成功申请到了被誉为公立常春藤大学的美国威斯康星大学麦迪逊分校的工程地质硕士专业，继续自己在美国的学习与生活。

兼顾学习与生活，在闲暇时丰富自我

其实，初到美国时，刘鑫老师不免也会遇到语言方面的难题。十八九岁的年纪，背井离乡，找房、租房、整理家具，都只能和身边的同龄人一起完成。虽然在此过程中会遇到诸多不易，但他们并没有因此消极应对，而是笑对生活。"就想着正好可以利用给房东、中介打电话的机会，锻炼我们的口语。"刘鑫老师还说，大部分出国留学的学生，都会遇到不同程度的语言问题，但是不要害怕，这都是非常正常的，一定要试着放平心态，大胆地去说、去表现自己。

曾经有很长一段时间，在上专业课时，面对扑面而来的英文专业术语，刘鑫老师也会感到有些许吃力，但幸运的是他遇到了一位来自中国台湾的老师，这位老师会经常给学生"开小灶"。在上完课后，他还会专门找一段时间，给中国学生再耐心地讲解一遍一些难点问题，这令刘鑫老师和同学们都大为感激。

虽然在一开始，中国学生需要花费比当地学生多两倍甚至三倍的时间去学

习相同的内容，但当自己收获到不错的 GPA 成绩时，一切付出便也值得了。

当然，刘鑫老师的海外求学生涯并不单单是一味地学习读书以至"两耳不闻窗外事"，在课堂外，他还交到了一些外国朋友。"不仅仅要学会与美国当地学生相处，也要打开自己的心扉，同其他的国际学生打成一片。"刘鑫老师强调道，"留学生应当经常去参加学校组织的校园活动，不要将自己封闭起来，要多多交流，借助留学的机会去丰富自身的生活经历和开拓个人的眼界。"

刘鑫老师在斯坦福大学留影

无论是在本科还是研究生时，课余时间，刘鑫老师还会与同学、朋友们聚在一起，去亚洲超市或者中国超市购买生活用品，一起做饭聚餐；有时候他们也会相约出去游玩，利用学生折扣一同去现场看比赛；在中国的传统节日里，他们还会组织包饺子活动，并将这些传统食物送给周围的同学、老师品尝，希望能通过这方式，让更多的外国友人更加深入地了解中国的文化。

除此之外，在其余的空闲时间里，刘鑫老师还会寻找机会和同学们去图书馆、便利店，或者去餐厅做兼职。这些方式，一方面能够十分有效地锻炼口语，从而最快地融入到当地的生活环境中去；另一方面，还能够凭借自己的双手赚取一些零花钱。"这真的很有意思，也很有意义。"刘鑫老师如是说。

回国任职，人生是不断积累与攀登的过程

美国读书的经历，让刘鑫老师养成了主动发现问题、解决问题，以及独立思考的习惯，即便在之后的人生中，刘老师也能快速地调整自己，适应变化。因而，在威斯康星大学麦迪逊分校读研后期，刘鑫老师希望跳出舒适圈，再换一个新的环境挑战自己。

既拥有中国的文化习俗，亦有西方的思维碰撞，香港吸引了他的注意。2011 年刘鑫老师凭借着坚实的科研背景、优异的成绩和英语能力，顺利斩获我国香港大学岩土工程博士专业的 offer，再次开启了一段崭新的学业旅程。

在我国香港大学读博的那 5 年时间，凭借着对自身专业的热爱和对科学真理的追求，刘鑫老师可以说是完完全全地"将两条腿都踏进了科研里"，埋头钻研、不为外事所分心，实验室、宿舍两点一线，自是家常便饭。

业因勤而精。现如今，刘鑫老师顺利学成归来，在国内一所 211 高校任职。之所以选择老师这一职业，一方面是因为做科研始终是刘鑫老师所热爱的事情；另一方面，他希望可以将自身的知识与经验教给学生，薪火相传。

刘鑫老师参加全国工程地质大会并做报告

无论是课上还是课下，刘鑫老师都能够与同学们融洽相处。除去专业课知识交流，学生们还喜欢同刘鑫老师一起探讨留学申请的问题。"申请海外研究生，首先英语能力要过关。"刘鑫老师表示，"其次，一定要努力提升自己的专业课成绩，积极参加一些专业的会议报告、科研项目，积极发表论文，尽可能地丰富个人简历，为优质院校的申请增添加分点和闪光点。最后，在学校读书的过程中，找几份与专业相关的实习也很有必要，这不仅仅对申请有所帮助，对未来的工作、就业都大有裨益。"

"当然，对未来的规划也非常重要。"刘鑫老师补充道。当前出国的学生越来越多，即便是疫情期间，也未曾挡住许多学生出国看看的步伐，留学生的年纪也愈发低龄化，学生一定要要清楚自己更倾向于哪些国家和城市，希望在未来从事什么工作，不要单一地去追求院校排名，要结合自身做一个综合性的考虑。

在专业性论文发表方面，作为 *Landslides*、*Engineering Geology*、*Canadian Geotechnical Journal* 等 SCI 期刊审稿专家，刘鑫老师建议同学们一定要多去阅读英文文献，在阅读和品鉴的过程中，千万不要过多地依赖和借助翻译软件；在撰写自己的论文时，应当尝试着用英语逻辑和英语思维构思与写作。一篇优秀的英文论文，内容定是简明扼要的，重点内容靠前，一目了然。最后，就是很多学生都可能会忽略的一个问题，那就是要在文章中采用丰富的表格和图片，让自己的论文更加生动和具有吸引力。

"在漫漫的求识之路上，一旦心有目标，便唯有潜心学习，踏实前行。"相信终有一天，同学们都会在各自的学业领域开辟属于自己的一片天地！